Collection le français dans le monde/B. E. L. C.
dirigée par André Reboullet

Jean-Marc Caré
et Francis Debyser

Jeu, langage et créativité

Les jeux dans la classe de français

LIBRAIRIES HACHETTE ET LAROUSSE

I.S.B.N. 2.01.005038.X

Table des matières

I. Les jeux du langage et du plaisir (Francis Debyser) 1

II. Ce que l'on dit quand on joue (André Lamy) 13

III. Jeux sur les mots, jeux avec les mots. 28

1 – Jouer avec la substance des mots (Francis Debyser) . . . 28

2 – Des jeux individuels de langage (André Reboullet et Jacques Verdol) 33

3 – Jouer sans matériel (Daniel Vever) 44

IV. Du mime au drame (Jean-Marc Caré) 64

V. Créativité (Francis Debyser) 116

VI. ... et graphisme (Christian Estrade) 156

I. Les jeux du langage et du plaisir

En janvier 1976, un groupe de recherche se réunissait au B. E. L. C. et improvisait une sorte de brain-storming pour renouveler la pédagogie du jeu linguistique et du jeu pédagogique.

Le recueil que nous présentons aujourd'hui est le prolongement de cette réunion qui déboucha sur beaucoup d'idées plaisantes dont certaines furent réalisées assez rapidement, telles que le *Tarot des Mille et un Contes*, le *Jeu des Chats, des Rats et des Éléphants*, les *Lettres de Paulette et Victor, L'Art de la plainte, L'Automate fini a la parole, Le Zoo en folie, La Sibylle institutionnelle, Le Damier sémiotique*, et j'en passe.

En août 1976, le groupe présentait quelques-unes de ses orientations dans la revue *Le Français dans le Monde* (n° 123), sous le titre *Jeux et Enseignement du français*; ce numéro ayant été rapidement épuisé, bien qu'il ait parfois causé quelque surprise, nous reprenons dans ce recueil quelques-uns des textes où nous avions exposé nos orientations, enrichis de compléments et surtout d'exemples nouveaux.

Un certain nombre d'hypothèses sur les rapports entre jeu, langage et créativité se sont précisées; nous les développons brièvement dans ce chapitre introductif plutôt comme des pistes à explorer que comme des conclusions. Nous évoquerons également les rendez-vous réussis ou manqués entre le jeu et la pédagogie, les jeux langagiers et la didactique des langues.

1. LES SCIENCES HUMAINES ET LE JEU VERBAL

Les études générales, consacrées au jeu sont assez nombreuses mais ne traitent qu'exceptionnellement des rapports entre jeu et langage. Ces travaux se situent à la croisée de la philosophie, de l'anthropologie, de la sociologie et de l'histoire des traditions populaires. On rappellera les principaux : l'*Homo Ludens, essai sur la fonction sociale du jeu* de J. Huizinga qui, malgré la perspective sociologique du sous-titre, reste une dissertation philosophique et littéraire sur le rôle fondamental du jeu et de l'esprit du jeu dans l'histoire des sociétés et des cultures. Dans le même style, on pourra lire dans le volume de l'Encyclopédie de la Pléiade, consacré aux *Jeux et Sports*, l'essai de Georges Gusdorf sur *L'Esprit des Jeux*. Rappelant au passage Schiller « l'homme n'est pleinement homme que quand il joue », Gusdorf conclut « le jeu n'est pas la négation pure et simple, la dérision du sérieux', du travail et de la loi, mais bien plutôt le signe et le gage de la réconciliation, au sein du destin individuel et social, entre la norme et l'exception, entre la nécessité et la liberté. Le jeu est le sel de la civilisation ».

Les interrogations que se pose une philosophie humaniste portent généralement sur le rapport entre le jeu, la fonction ludique, la représentation du monde et la société. Pour certains, le jeu humain ou

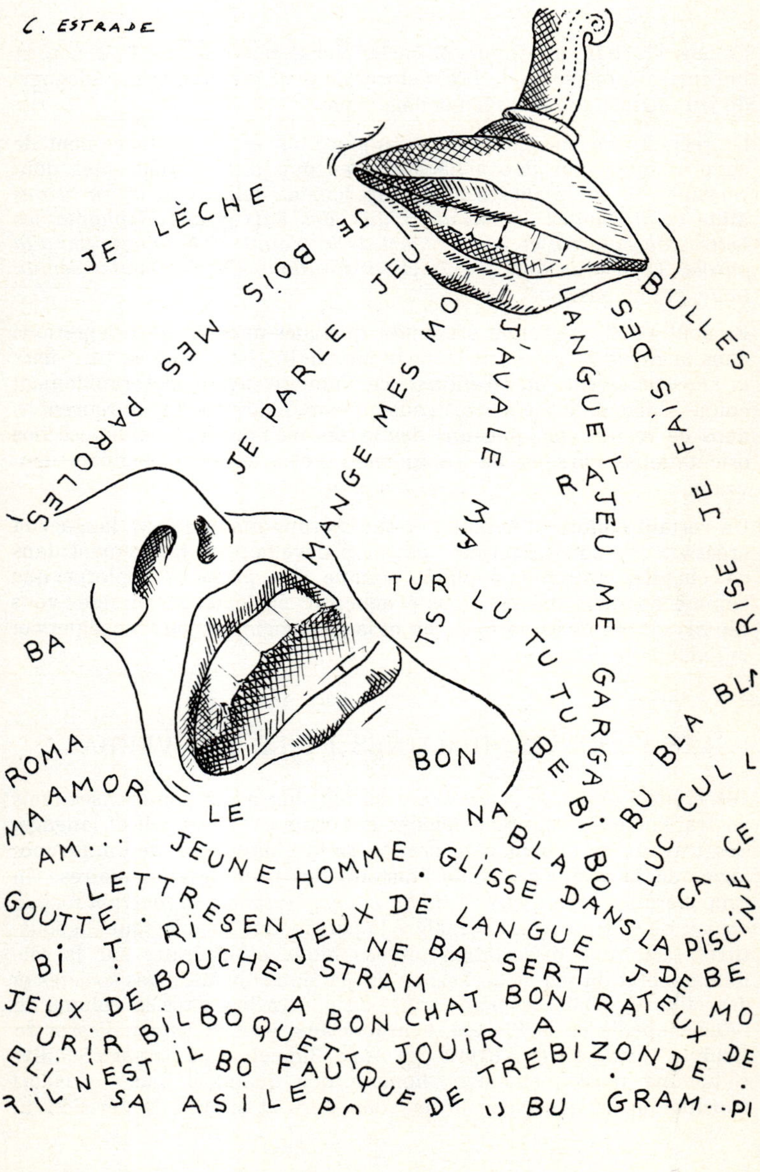

animal est une anticipation du monde des adultes et de ses activités; la petite fille qui joue avec sa poupée, l'enfant avec un sabre de bois, le chaton avec un bout de laine, n'apprennent-ils pas à materner, à guerroyer, à chasser ? Pour d'autres, le monde des jeux et des jouets est l'héritage miniaturisé des cultures, de leurs mythes et parfois de leurs religions. Pour d'autres encore, par exemple pour Huizinga, c'est le jeu qui acculture et socialise en enseignant la dialectique de la liberté et des règles, des conventions librement acceptées, et porte ainsi en germe toute civilisation.

Quel que soit l'intérêt (ou l'absence d'intérêt), que l'on peut aujourd'hui accorder à ces considérations, ces essais sont décevants, dans la perspective qui nous préoccupe, sur un point fondamental : aucun n'évoque, même en passant, les rapports entre le langage et la fonction ludique.

Beaucoup plus intéressant nous semble l'ouvrage de Roger Caillois *Les Jeux et les hommes*[1]; Caillois tente de cerner et de définir l'activité ludique et propose une classification des jeux qui semble bien ouvrir la quasi-totalité du matériel considéré, réparti en quatre familles, les jeux de vertige, de simulacre, de hasard et de compétition. L'ouvrage de Caillois, plus anthropologique et mieux documenté que les essais philosophiques auxquels nous avons fait allusion, constitue une assez passionnante initiation à l'univers des jeux. Il nous déçoit cependant sur le même point que les travaux précédents : sa classification ne lui permet pas en effet de faire une place aux jeux qui touchent au langage et à la parole. Ainsi, dans l'Encyclopédie de la Pléiade qui suit la classification de Caillois, a-t-il fallu, par un rajout, faire une place à ces derniers, sur le titre d'ailleurs fort peu satisfaisant de *Jeux d'Esprit et de Salon.*

Puisque les spécialistes du jeu ne semblent guère s'être intéressés au langage, on peut se demander s'il ne vaut pas mieux se tourner vers des linguistes qui se seraient intéressés aux jeux. Or malheureusement ces derniers semblent jusqu'à une date récente avoir ignoré ou dédaigné les aspects ludiques du langage[2].

Cette attitude d'ignorance ou de dédain s'explique pour les raisons suivantes :

– L'essentiel de l'effort de la linguistique a porté sur la communication d'informations, c'est-à-dire sur un aspect limité du fonctionnement du langage;

– Jusqu'à une date récente, la linguistique s'est plutôt intéressée à la langue qu'à la parole. Or les jeux de langage sont souvent des manipulations plus parolières et plus contextuelles que linguistiques;

– Si l'on a pu, comme Saussure, comparer la langue à un jeu d'échec avec ses pièces et son système de règles, ce qui intéresse le linguiste, ce sont plutôt les règles qui assurent le fonctionnement interne du système, la « grammaire du jeu » pour reprendre l'expression de

1. Paris, Gallimard 1958.
2. « La pauvreté de l'apport des linguistes à l'étude des jeux de la parole est frappante », note B. Kirshenblatt Gimblett dans *Speech Play. Research and Resources for Studying Linguistic Creativity,* University of Pennsylvania Press. 1976.

Saussure, que ce qui entrave, bouscule ou modifie ces règles. Il est également significatif que Chomsky ait traité attentivement de la créativité gouvernée par les règles mais n'ait fait qu'une vague allusion à la créativité qui les enfreint en les changeant *(rule changing creativity).* Or il nous semble que c'est le deuxième type de créativité qui est le plus fécond dans une bonne partie des jeux langagiers dont l'originalité consiste précisément à inventer de nouvelles règles;

– Enfin la méfiance des linguistes et surtout des formalistes a pu être renforcée par des censures voire des tabous d'ordre moral. Nous évoquerons cet aspect à propos de la relation entre langage et plaisir. Contentons-nous de rappeler toujours avec B. Barbara Kirshenblatt Gimblett : « L'étude des jeux de la parole exige évidemment une approche du langage plus large que celle qui caractérise la plupart des travaux des linguistes. » Il semble en effet que, si les linguistes ne se sont pas plus ou pas mieux occupés du jeu verbal que les sociologues, c'est faute d'avoir entrepris en commun des travaux pluridisciplinaires sur ce sujet; espérons que les nouveaux développements de la sociolinguistique aident à combler cette lacune, comme semblent le penser les auteurs de *Speech Play.*

2. LANGAGE, JEU VERBAL ET PLAISIR

Les jeux de mots ou les jeux sur le langage ont mauvaise presse dans notre culture contemporaine imprégnée de néo-positivisme rationaliste, c'est-à-dire d'utilitarisme et d'esprit de sérieux. Il n'en a pas toujours été ainsi : l'Italie de Boccace, de Castiglione et des poèmes maccaroniques, la France des Grands Rhétoriqueurs comme celle de Rabelais ont placé très haut les divertissements langagiers. Il semble au contraire que, depuis Descartes, Pascal et Boileau, l'amusement et le plaisir verbal soient devenus suspects : l'honnête homme les abandonne aux oisifs, aux enfants, au peuple, aux poètes d'avant-garde, aux provinciaux, aux voyous, aux fous, c'est-à-dire aux marginaux de tous bords des cultures et des sociétés contemporaines (bourgeoises ou non); le divertissement langagier y est en effet marginalisé comme une utilisation immature, déviante, subservive, bizarre et perverse de la langue.

Le calembour, l'à-peu-près, le pataquès relèvent de l'infra, de la para- ou de la sous-culture, c'est-à-dire des échanges verbaux de la cour de récréation, des repas de noces ridicules, des magazines pour kiosques de gares de banlieue et des balivernes de bistrots et de tables d'hôte : le contrepet, la perle du cancre, l'Almanach Vermot, l'histoire belge, les jeux de mots du commissaire San Antonio et les jurons du capitaine Haddock peuplent ce limbe, cet en deçà de la fonction poétique où l'on finit même, à force de gratter, par toucher l'enfer du ça freudien grâce au lapsus[1].

1. Seul espoir de sortir du limbe : l'intérêt d'un archange qui, tel Béatrice avec Dante, vienne arracher le sous-produit langagier à l'ignoble et l'emporte vers les métasphères de l'analyse sémiotique; c'est ce qu'a fait par exemple Violette Morin avec l'histoire drôle (*Communications* 4). Pour le lapsus voir bien sûr Freud la *Psychopathologie de la vie quotidienne* et *Le mot d'esprit et ses rapports avec l'inconscient.*

Mais il peut aussi arriver que le jeu langagier soit récupéré et sublimé par la fonction poétique; on permet en effet au poète d'enfreindre le fonctionnement « normal » de la langue : Lewis Carroll, Joyce, Henri Michaux, Beckett, parce qu'ils sont des poètes sont au-dessus des lois et ont alors le droit de former ces mots et ces phrases que Chomsky récuse comme « manifestement déviantes ».

Entre « l'en deçà et l'au-delà de la fonction ludique » pour reprendre les termes de Pierre Guiraud[1], entre le plaisir verbal du voyageur de commerce et celui du poète surréaliste, c'est-à-dire dans la pratique « standard » du langage, l'intolérance est de règle envers les déviances, les ruptures et les subversions qu'introduit la fonction ludique dans le langage. A moins que la déviance ne soit récupérée à des fins utilitaires comme dans le langage de la publicité : « La pile Wonder ne s'use que quand on s'en sert », « Du beau, du bon, Dubonnet », « Bon pneu, bon œil »; ou encore que la notoriété et la personnalité du locuteur le mettent au-dessus des conventions (trouvailles et bons mots de de Gaulle : la « chienlit », « l'O. N. U., ce machin », le « quarteron de généraux », « je leur souhaite bien du plaisir »; mais c'est toujours un risque à prendre qui peut se retourner contre son auteur comme il est arrivé à Nikita Khrouchtchev auquel l'appareil ne pardonna point ses écarts stylistiques et autres gracieusetés (la godasse des Nations-Unies).

Le statut des rares privilégiés de cette zone grise où le fonctionnement même du langage l'oppose normalement au principe du plaisir, reste non seulement hasardeux, mais ambigu. Raymond Queneau, le Diderot du XXe siècle, n'a été connu du grand public que comme fantaisiste, d'abord grâce à la Rose Rouge, aux Frères Jacques et à Juliette Gréco qui faisaient connaître les Exercices de Style et quelques chansons secrètement hégéliennes telles que *Si tu t'imagines, fillette, fillette,* plus tard avec Zazie et le perroquet Laverdure. Auparavant seuls quelques initiés, hautement préoccupés par les rapports entre le langage et la vie, tels que Kojève et Lacan, l'avaient, si l'on peut dire, pris au « sérieux ».

Qu'ont dit entre-temps les linguistes puisque aussi bien ce sont les spécialistes? Le grand-père Ferdinant de Saussure, cachait dans ses tiroirs non pas des lettres d'amour, ni des estampes licencieuses, mais des jeux interdits qui brisaient les scellés du tabou de l'inceste à jamais refusé au couple frère de la forme et du sens, du signifiant et du signifié; ces jeux avaient des noms qui sentaient le soufre et le plaisir, anagrammes, hypogrammes, logogriphes...

Une autre figure d'autorité de la linguistique, Roman Jakobson, attribue au langage toutes sortes de fonctions, non seulement celle de coder l'expérience ou l'information, mais aussi celle d'exprimer ce que l'on ressent, d'agir sur autrui, d'entretenir la communication (« Allô, allô, ne coupez pas!... »), de permettre de se demander ce que parler veut dire grâce au soi-disant « métalangage », enfin de faire du joli, du rôle, du beau, dernière ou première des fonctions du langage, la fonction poétique, « qui met en évidence le côté palpable des signes ». Malheureusement Jakobson n'est pas allé jusqu'au bout de

1. P. GUIRAUD : *Les jeux de mots,* Paris, P. U. F., 1976.

son intuition désirante; prisonnier d'une société et d'une génération structuralistes et fonctionnalistes, il ne pouvait, quelque envie qu'il en eût, faire sauter la machine en dégrafant ce dernier voile néo-classique du langage qu'est la fonction poétique, pour faire apparaître dans sa nudité un peu choquante, la FONCTION PLAISIR[1]. Aussi n'est-il pas étonnant qu'un linguiste français de talent, Pierre Guiraud, fasse preuve, dans un récent ouvrage[2], à l'égard des jeux des mots, d'une attitude franchement ambivalente. D'une part, il témoigne pour son sujet d'une évidente sympathie de linguiste, d'érudit, et même parfois de connaisseur; d'autre part, il ne peut s'empêcher, pour cerner le jeu de mots, d'user de définitions fortement métaphoriques et qui font froid dans le dos quand on les relit :
« Le jeu de mots... constitue un langage détourné de ses fonctions »; « Il ne s'agit pas d'une fonction, mais d'une dysfonction »; « Les jeux de mots sont des « formes aberrantes ». « Aberration », « dysfonction », « détournement », « déviance »... et, pourquoi pas « perversion », il nous semble avoir déjà entendu ce genre d'anathèmes, on devine à propos de quel autre sujet[3].

Sans aller plus loin, car nous avons peut-être déjà suffisamment choqué les pédagogues[4], nous pensons que le langage et le plaisir entretiennent des rapports intimes et que le jeu langagier n'est si profondément gratifiant ou choquant que parce qu'il enfreint le tabou qui les sépare. A côté du dicton « jeu de main, jeu de vilain », proposons « jeu verbal, plaisir oral ».

3. LA PAROLE OBJET TRANSITIONNEL?

Le psychanalyste anglais D. W. Winnicott a formulé à propos du jeu et de la créativité chez le petit enfant un certain nombre d'hypothèses qui nous ont semblé fondamentales.

Selon Winnicott[1], il existe pour l'enfant, une aire d'expérience qui n'est ni tout à fait interne (réalité du dedans, subjectivité) ni tout à fait extérieure (réalité du dehors, objectale puis « objective »), mais intermédiaire *« transitionnelle »*.

1. La fonction plaisir du langage fait l'objet au B. E. L. C. d'une recherche à laquelle participent J.-P. Clozier, F. Debyser, C. Estrade, A. Henault, A. Lamy et Anne Hénault. La première a proposé le terme de fonction plaisir. J.-P. Clozier a depuis le début attiré l'attention du groupe sur la formule de Lacan : « Il n'y a pas de métalangage. » Participent également à cette recherche D. Rouvière (New York) et G. Dossena (Milan).

2. Pierre Guiraud : *Les jeux de mots,* Paris, P. U. F., 1976.

3. « Non diversamente, alcuni inorridiscono all'idea che ci possa essere gente cattiva e corrotta la quale adopera il sesso a fini diversi da quello della procreazione » Giam paolo Dossena, *Il Caffe,* avril 1977.

4. Au printemps 1976, mon ami Maurice Gross me demande de prendre en charge un numéro de *Langue française.* Je lui propose « Langage et plaisir ». Il consulte Jean-Claude Chevalier et Jean Dubois et me dit que ce n'est pas le genre de la revue; vexé, je l'accuse de préjugés formalistes; il me répond : « Ce n'est pas cela, mais *Langue française* a un public de professeurs d'une moyenne d'âge de quarante, quarante-cinq ans; avec un titre comme ça, on va perdre au moins cinquante abonnés; si au moins tu changeais le titre en « langage et fonction ludique », ça choquerait moins nos lecteurs. »

5. D. W. Winnicott : *Jeu et réalité. L'espace potentiel,* Paris, Gallimard, 1971.

« Cette aire, écrit Winnicott, est en continuité directe avec l'aire du jeu du petit enfant. »

Sur cette aire, peuplée, meublée d'objets transitionnels (le sein de la mère, puis les doigts, la couverture, le drap que l'enfant porte à sa bouche, ensuite l'ours en peluche ou tel jouet préféré fétiche) se construit son expérience de soi, de l'autre, et du monde.

Mais citons plutôt Winnicott :

« J'ai introduit les termes d'objets transitionnels et de phénomènes transitionnels pour désigner l'aire intermédiaire d'expérience qui se situe entre le pouce et l'ours en peluche, entre l'érotisme oral et la véritable relation d'objet... » et, plus loin :

« Le gazouillis du nouveau-né, la manière dont l'enfant plus grand reprend au moment de s'endormir son répertoire de chansons et de mélodies, tous ces comportements interviennent dans l'aire intermédiaire en tant que phénomènes transitionnels. Il en va de même de l'utilisation des objets qui ne font pas partie du corps du nourrisson, bien qu'il ne les reconnaisse pas encore comme appartenant à la réalité extérieure. »

Plus loin encore, Winnicott développe deux autres hypothèses non moins importantes pour nous, la première selon laquelle l'aire transitionnelle est par excellence « l'aire du jeu », et que « c'est sur la base du jeu que s'édifie toute l'existence expérientielle de l'homme » : la seconde est que cette aire du jeu est également celle de la créativité. La définition que Winnicott donne à la créativité est large et peut même sembler floue, c'est « la coloration de toute une attitude face à la réalité extérieure », c'est « un mode créatif de perception » qui « s'oppose à une relation de complaisance soumise envers la réalité extérieure ».

Notre intention n'est pas de développer les théories de Winnicott qui trace ainsi les étapes génétiques de l'expérience créative, des premiers jeux transitionnels à la relation au monde et à « l'expérience culturelle », proposant ainsi une sorte de version psychanalytique des théories de Huizinga, ni même de nous demander si Winnicott n'éclaire pas d'un jour nouveau ce que Piaget a dit du jeu et de la représentation symbolique. Ce qui nous frappe surtout dans ce qu'écrit Winnicott sur les objets et les jeux transitionnels, c'est qu'on peut, sans métaphore, l'appliquer à la parole.

– La parole, en effet, comme l'objet transitionnel est à la base « excitation orale et satisfaction » mais les « dépasse » :

– Ni tout à fait au-dedans, ni tout à fait au-dehors, la parole comme les objets transitionnels est plutôt à la limite du dehors et du dedans;

– Ni tout à fait objective, ni tout à fait subjective, la parole est le support idéal des représentations symboliques et de l'organisation de l'expérience.

– La parole sort de la bouche, les mots s'envolent, se sonorisent ou s'écrivent; la parole est personnelle mais peut être « reconnue comme non-moi » (« Tout ce que vous direz pourra être utilisé contre vous »).

– La parole est l'un des premiers jouets; c'est aussi un jouet qui se prête à une créativité infinie.

– Entretenir ou restaurer le plaisir de la parole notamment par le jeu verbal et les techniques d'expression, c'est donc retrouver la positivité gratifiante des premières expériences transitionnelles.

4. JEU ET PÉDAGOGIE

Éducateurs et psychologues s'interrogent depuis longtemps sur la valeur éducative des activités ludiques. Certains la contestent, d'autres plus nombreux l'exagèrent peut-être; sans attendre l'issue de ce débat, les éditeurs s'enrichissent en inondant le marché de jeux « éducatifs ».

Un des arguments en faveur du jeu vient des thèses de Karl Gross qui étudiant, à la fin du siècle dernier, les jeux des animaux puis les jeux humains, y voyait des activités de préparation et d'entraînement à la vie des adultes : le jeu serait une sorte d'instinct éducatif inné. Dépassant ce fonctionnalisme à la Bernardin de Saint-Pierre[1] un psychopédagogue spécialiste des jeux de l'enfant auquel il a consacré deux gros ouvrages[2], Jean Chateau, a abondamment décrit les jeux de la cour de récréation, et cherché à établir la valeur pédagogique de différentes classes de jeux au cours du développement de l'enfant, des jeux sensorimoteurs, et de ceux qui développent « l'intelligence concrète », aux jeux réglés favorisant l'abstraction, ou aux jeux de compétition qui encouragent la socialisation et l'organisation coopérative. Cependant, malgré certains termes employés par Chateau qui laissent filtrer une connaissance, d'ailleurs superficielle de la psychologie génétique de Piaget, ces ouvrages sont surtout caractérisés par une intention moralisatrice a priori, qui est que les jeux élèvent l'enfant et le poussent vers l'âge adulte, « de la jouissance ludique à la jouissance morale » *(sic)*, parce qu'ils sont une sorte de propédeutique à l' « effort », à l' « émulation », au « dépassement de soi »; à « l'acceptation des règles et de la discipline », à la « coopération dans l'ordre ». Et Chateau de conclure que, si le jeu a sa place à l'école maternelle, ce serait une « faute lourde » de l'utiliser dans les écoles primaires.

Les tenants de la pédagogie nouvelle et des méthodes actives, Decroly et surtout Claparède pour qui le jeu est « la clé de voûte » de l'école active, avaient pris la position inverse : toutefois on peut se demander si leur souci d'introduire le jeu dans la pratique pédagogique ne vient pas également d'un a priori, selon lequel toute activité libératrice et plaisante est forcément éducative. Freinet en revanche se démarque de ce courant en faisant valoir que les méthodes actives ne doivent pas se réduire à des activités ludiques, et qu'il vaut mieux proposer aux enfants des activités réelles à condition qu'elles soient en rapport avec leur âge, leurs motivations et leurs possibilités.

1. « L'enfant qui joue à être une église, se prépare-t-il à être marguillier ? » ironise Piaget à ce propos.

2. Jean CHATEAU : *Le réel et l'imaginaire dans le jeu de l'enfant,* Essai sur une genèse de l'imagination, Paris, Vrin, 1946. – *Le jeu de l'enfant après trois ans, sa nature, sa discipline,* introduction à la pédagogie, Paris, Vrin, 1947 (voir également du même auteur *Les Jeux de l'enfant* dans l'Encyclopédie de la Pléiade, *Jeux et Sports.*

C'est Piaget et l'école de psychologie génétique de Genève qui ont fait les observations les plus fines et les plus solides sur le rôle du jeu dans le développement de l'intelligence[1].

Piaget propose lui aussi une classification des jeux parallèle de la chronologie génétique des stades du développement de l'intelligence qui est au centre de sa théorie. Au stade sensorimoteur (1-2 ans) correspondent *les jeux d'exercice*; au stade du développement de la fonction sémiotique (2-7/8 ans) apparaissent les *jeux symboliques* auquel il attribue une importance considérable; au stade de l'achèvement des opérations concrètes (7/8-11/12) correspondent d'une part *les jeux de construction* qui font précisément appel à ces opérations mais aussi les *jeux de règles* qui aident à la socialisation que l'on voit se développer au cours de la même période; enfin après 11-12 ans, à l'approche de la préadolescence, on voit apparaître les jeux les plus abstraits de *résolution de problèmes,* propices au développement de l'intelligence logique, cette dernière catégorie de jeux faisant la transition avec des activités non ludiques et sérieuses.

La classification de Piaget ne nous semble ni meilleure ni moins bonne que d'autres, quant aux services qu'elle peut rendre pour dresser l'inventaire des jeux; il est évident qu'une frénésie de classification, elle-même ludique à sa manière et comparable aux jeux de réussite, saisit tout intellectuel qui redécouvre les jeux; mais elle présente un intérêt particulier qui est de mettre en évidence la valeur éducative des activités ludiques. Fervent partisan des méthodes nouvelles[2], il insiste sur le rôle fondamental de tous ces jeux et la nécessité de les introduire à l'école. « L'intelligence, écrit Piaget, est équilibre, entre l'assimilation et l'accommodation », entendons assimilation du réel aux besoins du moi et accommodation du moi au réel. Or si l'accommodation du moi au réel, c'est-à-dire aux contraintes objectives de l'environnement naturel et de la vie sociale peut se passer du jeu qui ne sert en quelque sorte qu'à rendre la pilule moins amère (voir Freinet), l'assimilation du réel au moi a besoin du jeu sensorimoteur et surtout du jeu symbolique. Ce dernier « correspond à la fonction essentielle que le jeu remplit dans la vie de l'enfant... Il est indispensable à son équilibre affectif et intellectuel qu'il puisse disposer d'un secteur d'activité dont la motivation ne soit pas l'adaptation au réel mais au contraire l'assimilation du réel au moi, sans contraintes ni sanctions... »

Le jeu symbolique présente entre outre le double intérêt d'être mis en relation à la fois avec le désir et le langage : « dans son contenu il est épanouissement du moi et réalisation des désirs par opposition avec la pensée rationalisée qui adapte le moi au réel et exprime les vérités communes; dans la structure, le symbole joué est à l'individu ce que le signe verbal est à la société ».

Si Piaget attache tant d'importance et de valeur éducative aux jeux

1. Voir notamment : J. Piaget : *La formation du symbole chez l'enfant,* Delachaux et Niestle, 1945; *Psychologie et pédagogie,* Paris, Denoël, 1969 et J. Piaget – B. Inhelder : *La psychologie de l'enfant,* Paris, P. U. F., 1966.
2. Voir notamment in *Psychologie et Pédagogie* la deuxième partie de l'ouvrage « Les méthodes nouvelles, leurs bases psychologiques ».

symboliques, avec ou sans langage, des enfants de 2 à 8 ans, c'est que par-delà l'utilité qu'ils présentent pour développer la fonction sémiotique de représentation du monde, ils contribuent autant à la constitution d'une personnalité équilibrée qu'au développement de l'intelligence cognitive proprement dite. Bruno Bettelheim, avec une approche et des mots différents, dit à peu près les mêmes choses que Piaget lorsqu'il étudie la fonction de l'imaginaire enfantin et procède à la *Psychanalyse des contes de fées*[1].

Nous sommes pour notre part convaincus que, chaque fois que l'on instaure, même avec des groupes d'adolescents ou d'adultes, des pratiques de représentation symbolique mimées ou jouées, qu'elles soient réalistes, fantaisistes, projectives, ou même résolument oniriques (voir les chapitres sur les jeux théâtraux et sur les jeux de créativité), l'on recrée en partie les conditions de cet épanouissement du jeu sémiotique et symbolique dont Piaget disait qu'il marque « l'apogée du jeu enfantin »; que l'on ne craigne pas trop ce retour vers l'enfance, c'est aussi le retour vers la créativité.

5. JEUX ET DIDACTIQUE DES LANGUES

Si nous avons rapidement évoqué l'ensemble de la problématique de la fonction ludique, c'est qu'habituellement les jeux n'entrent dans la classe que par la petite porte : l'étroitesse du pertuis fait que ne peuvent y passer que de petits et pauvres jeux étriqués, tristes jeux des familles, petits mots croisés fades, devinettes palotes, « histoires » très peu drôles, « quiz » consternants.

L'argument le plus souvent invoqué en faveur de l'utilisation du jeu dans la classe de langue ou de langage est que les jeux sont amusants (encore faut-il qu'ils le soient, ce qui n'est pas toujours le cas); c'est une bonne raison mais qui n'est pas suffisante, car, après tout, il est peut-être encore plus amusant d'aller au cinéma ou à la pêche qu'au cours. Nous ne nous laisserons d'ailleurs pas enfermer dans la fausse alternative de « Jean qui apprend en riant » et de « Paul qui apprend en pleurant »; la pédagogie par l'ennui n'existe pas, mais l'amusement n'est pas la seule motivation de l'apprentissage. Ce débat d'ailleurs ne peut être disputé dans le vide et sans considérer le contexte sociologique et idéologique. Une pédagogie de l'effort peut fort bien réussir dans le cadre d'une mobilisation idéologique achevée telle que l'ont connue par exemple la Troisième République de Jules Ferry et l'Union soviétique à leurs débuts, ou que semble actuellement réaliser la Chine populaire. En revanche, dans l'état actuel de confusion et de délabrement des systèmes éducatifs des sociétés dites occidentales (États-Unis, pays européens), on sait que le professeur du secondaire, face au « ras-le-bol » de l'apprenant, se voit contraint de publiciter sa marchandise en utilisant des techniques de motivation quelque peu commerciales; mais il ne faut pas se faire d'illusions : lorsque l'on se contente de rendre plaisant un cours raté ou un mau-

1. Paris, Robert Laffont 1976. — Voir en particulier le chapitre « le besoin de magique chez l'enfant » où l'auteur se refère explicitement à Piaget.

vais manuel en l'agrémentant de quelques jeux, on reste au plus bas niveau de la vente de savonnettes ou de programmes télévisuels pour le samedi après-midi.

Plus intéressante est l'idée que le jeu, mieux que beaucoup d'exercices, permet le maniement de certaines régularités de la langue. L'utilisation récurrente de mots ou de règles syntaxiques dans un jeu peut constituer une situation de communication plus authentique (même si

le jeu est métalinguistique) que la répétition et la mémorisation par cœur du célèbre dialogue en situation, ou à plus forte raison que les techniques répétitives formelles telles que les exercices structuraux. En Grande-Bretagne, de nombreux ouvrages, consacrés à l'utilisation des jeux dans la classe de langue, ont pour unique but déclaré de confier à des pratiques ludiques les manipulations structurales[1]. Nous avons donc retenu cette hypothèse que l'on trouvera illustrée à la fois par le chapitre II consacré au « Ce qu'on dit quand on joue », et le chapitre III : « Jeux sur les mots, jeux avec les mots ».

Mais notre projet n'était pas de proposer un énième recueil de charades, de devinettes, de jeux de sociétés ou de mots croisés en français facilement utilisables pour la classe de langue. Ce qui nous intéressait était d'explorer plus à fond l'intégration du jeu à une procédure d'apprentissage de français (langue maternelle ou langue étrangère). A la suite d'un certain nombre de tâtonnements et d'expérimentations, nous avons, dans cette perspective, décidé de retenir un certain nombre d'hypothèses sur lesquelles repose l'articulation de ce recueil.

1. Certains jeux non linguistiques mettent en situation d'énonciation adéquate l'emploi fonctionnel de la langue dans des actes de parole et dans des interactions langagières dont la réitération est largement aussi pédagogique que leur simulation dans des échanges plus scolaires ou plus structuraux.

2. Certains jeux métalinguistiques, qu'ils viennent de la tradition des jeux verbaux de société ou des explorations poétiques de cénacles ou de groupes d'écrivains, peuvent et doivent être utilisés pour faire toucher « le côté palpable des signes » et déclencher le plaisir de la manipulation verbale; les maîtres sont entre autres Lewis Carroll, l'Oulipo et Giampaolo Dossena, le polygraphe de Crémone.

3. La libération de l'expression trouve son terrain privilégié dans la simulation, les jeux de rôles et les jeux de théâtre, à condition que ce théâtre soit celui de l'improvisation, de la spontanéité, de la création, du gestuel.

4. Les techniques et les jeux de créativité semblent nouveaux; dans leurs principes fondamentaux; elles sont vieilles comme le monde; nous n'insisterons sur ce sujet que parce que la créativité a été traditionnellement bannie d'un enseignement qui fait passer la reproduction avant l'invention. Notre hypothèse est qu'à tout niveau on peut inventer des mots, des phrases, des discours, des récits, des messages, des poèmes. Mais il faut pour cela retrouver un peu l'attitude ludique de l'enfant inventeur du monde et du sens, que Winnicott, Piaget, Bettelheim et quelques autres nous ont permis d'évoquer.

5. Ne donner que le mot ou la parole comme supports ou comme outils à la créativité, c'est fermer la boucle d'une créativité du bavardage, ce qui est, notamment, le péché mignon de brain-storming. En cela, le graphisme sur lequel s'ouvre la fin de ce recueil, constitue, nous l'espérons, une rupture.

F. D.

1. Par exemple W. R. Lee : *Language Teaching Games and Contest,* Oxford University Press, 1965.

II. Ce qu'on dit quand on joue

Les jeux où le silence est d'or, où la parole n'a droit de cité que dans des limites très réduites et réglées, comme les échecs, le bridge de tournoi, ou certains jeux d'argent et de hasard, sont le fait de spécialistes qui constituent une oligarchie à part dans le monde des joueurs.

On a beau s'avertir, se mesurer de la voix : « je vous rappelle pour la dernière fois qu'on ne joue pas à la parlante », la belote ou la manille entre amis se parlent, non seulement pour commenter un coup entre les donnes, mais aussi en cours de jeu. Petites tricheries qui ajoutent au jeu comme dans Pagnol « Tu me fends le cœur ! ». Et l'on parle du jeu mais aussi du joueur « Le jeu, c'est l'homme même ».

Les fonctions de la parole sont multiples, qu'elle soit au centre du jeu ou une de ses composantes. Ainsi, en sport, on dit (les spécialistes disent) que si Fouroux était capitaine de l'équipe de France de rugby, c'est par la voix qu'il avait fait la différence.

Donc jouer c'est parler... On parle pour :

1) énoncer la règle et le déroulement du jeu (nous proposerons pour cela six sous-rubriques);

2) commenter un jeu :
– essayer de le comprendre,
– essayer de le modifier,
– évaluer son intérêt,
– apprécier un coup précis à l'intérieur d'un jeu;

3) influencer un joueur :
– donner un renseignement, un conseil, un encouragement à un partenaire,
– essayer d'intimider un adversaire;

4) jouer quand le déroulement du jeu repose, en tout ou en partie, sur des mots, des sons, des lettres.

Ce sont ces rubriques que nous nous proposons d'illustrer ici. Précisons que la quatrième est reprise et développée ailleurs dans cet ouvrage. Il est clair que nous n'allons pas au fond des choses : il s'agit d'un domaine encore assez peu exploré, comme le précise F. Debyser au chapitre premier.

L'inventaire proposé est empirique, arbitraire, adaptable. Nous recherchons des constantes et il nous a semblé sans profit ici de séparer par exemple jeux de hasard et jeux d'adresse. De même, nous

tricheur
tu triches
a toi
non!
alcoh!!

n'avons pas distingué joueur et spectateur. Enfin, les expressions retenues sont d'un niveau courant, rarement familier si l'on tient compte de la relation établie par le fait de jouer ensemble.

Avant de proposer cet inventaire, nous rappellerons les règles des jeux les plus joués en France.

Le 421 *(jeu de dés).*
Nous proposons une règle (il existe de nombreuses variantes) :
– Le matériel comprend un plateau rond cerclé, trois dés et des jetons;

– Le but du jeu est de réaliser avec les dés une combinaison plus forte que celle des autres joueurs;

– Voici par ordre décroissant les différentes combinaisons :
a) 421 (un quatre, un deux et un as)
b) 111 (les trois as)
c) les cinq paires d'as (de 1-1-6 à 1-1-2)
d) les trois dés de même valeur (de 6-6-6 à 2-2-2)
e) les suites (de 6-5-4 à 3-2-1) ou tierces
f) les autres possibilités (40) dans l'ordre décroissant (de 6-6-5 à 2-2-1 : par exemple 6-6-5 plus fort que 6-5-3, etc.);
– La valeur des combinaisons,
a) = 8 jetons,
b) = 7 jetons,
c) = le nombre de jetons correspondant au dé non répété (1-1-5 = 5 jetons, 1-1-2 = 2 jetons),
d) = la valeur correspondant à un dé (6-6-6 = 6 jetons, 2-2-2 = 2 jetons),
e) deux jetons,
f) un jeton;

– Déroulement du jeu :
• On forme le pot constitué de 11 ou 21 jetons (selon le nombre de joueurs : de 2 à 6 au maximum);
• Le premier joueur lance les trois dés dans le plateau.
Il peut jouer une, deux ou trois fois. Les 2e et 3e fois il peut reprendre les trois dés ou deux ou un;
• Les joueurs suivants ne pourront pas lancer les dés plus de fois que le premier;
• Dans un premier temps, « la charge », le joueur perdant prend les jetons dans le pot. (A réussit 2-2-2 et B 1-1-5, A prend 5 jetons dans le pot);
• Dans un second temps « la décharge » (quand il n'y a plus rien dans le pot) le gagnant remet les jetons au perdant. (A réussit 2-2-2 et B 1-1-5 : B donne 5 de ses jetons à A).

– Score :
Le perdant est celui qui a tous les jetons. Le jeu se joue souvent en plusieurs manches (au meilleur des trois ou des cinq manches) et l'enjeu est souvent l'apéritif.
(Pour une autre description assez proche de celle-ci voir le Guide Marabout des Jeux de Société.)

Rien de plus « sec » que la règle de ce jeu et pourtant pas de jeu plus propice à la parole : commentaires sur le mode ironique de la chance, de l'habileté, de l'honnêteté des joueurs, tout cela avec des allusions à la vie personnelle, contestation des règles dans la mesure où il existe des variantes régionales, locales,... personnelles. De nombreuses expressions citées dans les paragraphes deux et trois conviennent à ce jeu.

Prenons maintenant un autre jeu qui n'a de commun avec le premier que d'être également très pratiqué : il s'agit de la pétanque (jeu d'adresse !)

La pétanque *(jeu de boules)*
• peut se pratiquer sur n'importe quel terrain (place publique, plage...);
• comprend 2, 4, 6 ou 8 participants;
• le matériel se compose de boules, en général deux par personne, et d'un but sphérique beaucoup plus petit que les boules. Un mètre est utile mais non indispensable;
• il s'agit d'arriver plus près du but que son adversaire;
• déroulement. Supposons qu'il y ait quatre joueurs; ils se répartissent en équipes de deux.
Un joueur de l'équipe tirée au sort trace un cercle à l'intérieur duquel chacun se mettra pour jouer. Il lance le but à une distance comprise entre 8 et 10 mètres, puis sa première boule. L'équipe adverse joue pour arriver plus près du but que lui. On peut, avec sa boule, éloigner celle de l'autre. On ne joue pas à tour de rôle; c'est l'équipe qui est la plus éloignée du but qui joue d'abord. On joue toutes les boules. Au tour suivant, c'est l'équipe qui a placé la meilleure boule qui lance le but.
Score : si une équipe a placé 1 ou 2 ou 3, etc. boules plus près du but que l'autre, elle marque les points correspondants. La partie se joue en 13 points si l'on est deux, en 15 points si l'on est quatre ou six ou huit.

Les règles que nous venons d'indiquer sont des règles minimales, c'est-à-dire qu'elles permettent de jouer, mais qu'on n'est pas rentré dans les détails. Si l'on ajoute des conseils sur l'art de « bien jouer », on peut produire de véritables traités souvent volumineux sur des jeux apparemment très simples. La littérature sur la pétanque est abondante...

Le premier critère qui nous a guidé dans le choix de ces jeux, c'est qu'ils nous semblent représentatifs des distractions de nombreux Français. Aller au café du coin jouer l'apéritif au 421, le dimanche (après avoir fait son « tiercé » dont nous ne parlerons pas ici), aller à la campagne en famille et se détendre en jouant à la pétanque tout en alimentant la conversation sont des occupations courantes. Signalons d'autre part que la pétanque – un tout autre jeu alors, mais avec les mêmes règles, fantaisie à part – a aussi un statut sportif, avec de nombreux concours hebdomadaires, avec ses champions qui s'entraînent parfois quotidiennement et qui jouent de la voix et du silence (on ne parle pas « sur un coup », on retient son souffle et ses mouvements).

Si l'on revient au langage, on s'aperçoit que ces deux jeux, l'un de hasard, l'autre d'adresse, donc très différents sont décrits avec des moyens d'expression qui tantôt leur sont particuliers, tantôt sont relativement semblables.

Ce qui diffère, c'est d'abord le matériel (dés, boules), puis les « combinaisons » pour le jeu de hasard... Mais déjà pour le but du jeu on constate qu'on peut l'exprimer avec des formules (structures) proches (variations sur les structures de la comparaison) :
421 : Le but du jeu est d'obtenir une combinaison plus forte que celle de l'adversaire.
Pétanque : Le but du jeu est d'arriver plus près du « but » (petite sphère) que l'adversaire.

Notons toutefois que les « vrais » joueurs ont des mots spécialisés dont nous ne faisons pas état ici dans la mesure où il est possible de se servir du vocabulaire de tous les jours. Certains de ces mots, assez pittoresques, sans faire l'objet d'un apprentissage, peuvent être signalés : « Nénette » au 421 quand on fait 221, c'est-à-dire la combinaison la plus faible; « cochonnet », autre dénomination du « but » à la pétanque; « Fanny » quand on ne réussit aucun point.

Ayons ces jeux à l'esprit pour rendre concrets les développements suivants :

1. Règles et descriptions des jeux :

Pour expliquer les jeux, on peut envisager successivement :
– le lieu où ils se jouent, la position des joueurs,
– le matériel nécessaire,
– l'identité des joueurs, leur nombre,
– le début du jeu,
– le but et le déroulement du jeu,
– le résultat.

Lieu, position des joueurs
• En plein air. A l'intérieur. Jeu de plein air. Jeu d'intérieur. Dans une salle. N'importe où. Sur n'importe quel terrain. Contre un mur. A ne pas pratiquer près d'objets fragiles.
• Les joueurs se tiennent assis (debout, en cercle, devant une table, sur la même ligne, les uns derrière les autres, face à face). Les joueurs se tournent le dos. Un joueur sort.
• On tourne dans le sens des aiguilles d'une montre (dans le sens contraire des aiguilles d'une montre). On avance (recule). On fait un pas à droite (à gauche, en avant, en arrière, de côté). On joue de gauche à droite. Défense de courir.

Remarquons dans cette rubrique l'apparition fréquente d'adverbes de lieu, de compléments de lieu, de prépositions, de verbes de mouvement.

Le matériel
Il ne saurait être question d'en donner une liste. Distinguons le matériel fait spécialement pour jouer et les objets courants qui peuvent être « détournés » à cette fin.
• Par exemple pour les premiers : dés, cartes à jouer, ballons, balles, billes, boules, pions.
• Pour les seconds : bouchons, capsules, ficelle, papier, allumettes, crayons, ciseaux (et pourquoi pas : cailloux, glands, pneus, douilles de balles, etc.).

Retenons dans cette rubrique l'utilisation des verbes suivants :
Il faut un dé (du papier, des ciseaux);
On utilise un jeu de trente-deux cartes (un damier);
On a besoin de pièces de monnaie (pions);
Il suffit d'avoir du papier blanc (un peu d'imagination).
Remarquons aussi l'utilisation de termes « distributifs » (tout, chaque, par) :
Tous les joueurs (*chaque* joueur, *chacun* des joueurs) doivent avoir un morceau de papier (le même nombre de cartes).
Distribuer huit cartes *par* joueur.

Donc l'emploi de tournures impersonnelles, de l'indéfini « on », de « distributifs » est assez constant dans cette rubrique.

L'identité des joueurs, leur nombre
• Il y a plusieurs manières de désigner les joueurs. Signalons en particulier : joueurs, concurrents ou participants, partenaires, adversaires, équipes, ou groupes.

• L'âge des joueurs peut avoir son importance :
A partir de 7 ans. Pour tous les âges (*de* sept *à* soixante-dix-sept ans).
Jeu *pour* adultes. Jeu d'enfants et jeu d'adultes.
• Le nombre de joueurs.
Il peut être fixe (quatre...) limité (de deux à six, il faut être deux au moins, six au plus, il faut être moins de dix) libre (toute la classe). Inversement il y a les *réussites* et *solitaires* que nous ne citons que pour mémoire parce qu'ils produisent rarement du langage sauf lorsque les joueurs de « solitaires » se réunissent en congrès comme en mai 1977 à Cetraro (Calabre).

Signalons en particulier l'emploi de la construction « de ... à » (de deux à six joueurs, de sept à soixante-dix-sept ans) et des adjectifs numéraux.

Le début du jeu :
– Distribuer les cartes (les pions).
Donner à chacun le même nombre de jetons.
Former (constituer) un cercle (une pile, plusieurs tas).
Placer (poser) les pions sur la case de départ.
Disposer les joueurs en cercle.
– Le joueur qui a les pions blancs (la plus forte carte, le double le plus fort, le foulard) commence.
Le meneur de jeu propose un mot (un nombre).
Au signal (au coup de sifflet, à tour de rôle).
Celui qui commence est tiré au sort.
Le premier joueur fait (lance, dit).

Remarquons ici l'emploi possible du présent de l'indicatif, de l'impératif, de l'infinitif, parfois celui du futur.

But et déroulement du jeu :
– Le jeu a pour but de ... (le but du jeu est de ...)
Le jeu consiste à ...
Il s'agit de ...
Chaque joueur doit ...

Il faut essayer de ...
– Prendre le foulard (les cartes, les cases) de l'adversaire.
– Quand un joueur ... il ...
(ex. : quand un joueur obtient la carte demandée, il peut rejouer).
Si un joueur ... il ...
(ex. : si un joueur reste dans son camp plus de cinq minutes, il est éliminé).

Signalons ici l'emploi des infinitifs complément et celui de « si » et « quand » avec une différence assez nette (ce qui est décrit avec « quand » doit normalement se produire. Avec « si » ce qui est décrit peut ne pas se produire. D'autre part avec « quand » on peut employer le futur, pas avec « si ».

Le résultat :
– Gagner. Perdre. Faire match nul.
– Marquer, un point, dix points.
– Être pénalisé. Être éliminé.
– On donne (compte, marque) un point pour chaque bonne réponse (par carte).
– On enlève un point (compte un point de moins).
– Le gagnant (perdant) est celui qui ... (gagne la partie, celui qui ...).
– Celui qui ... gagne (a gagné) la partie ... (le premier qui n'a plus de cartes gagne la partie).
– Si deux concurrents obtiennent le même résultat ...

Remarquons ici l'emploi de constructions relatives (celui qui) et de tournures déjà signalées (« on », « si »).

Conclusion de cette rubrique :
Cet inventaire, par ses constantes et ses variantes transparentes, peut aider les élèves étrangers, même si on ne leur propose qu'un nombre restreint des expressions citées, à se repérer quand ils lisent ou écoutent une règle de jeu.

Il peut aussi « et surtout » leur être utile s'ils inventent eux-mêmes des jeux, ce qui nous paraît à la fois possible et souhaitable.

2. Commentaires d'une activité de jeu :

Le langage utilisé pour commenter les jeux offre des possibilités d'emploi bien plus variées que l'énoncé des règles. Notre inventaire sera ici très limité avec comme seule utilité de suggérer un vaste champ d'application.

Reprenons d'abord l'exemple de la pétanque[1] *:* Place de la Nation, à Paris, déjà en février, on peut glaner en quelques minutes un matériel linguistique fort utile, même au niveau 1. Par exemple :

1. *Le Français dans le Monde* (n° 123) : « De certains jeux linguistiques » Heide Laitenberger avait collaboré à cet article et n'est pas étrangère au présent travail (l'article du FDLM n'est repris ici qu'en partie).

• *Expression de la quantité :*
On demande ou on fournit des renseignements sur la quantité de boules qui restent à une équipe, ou sur le score :
« Il vous reste combien de boules?
– J'ai encore une boule.
– Ils n'en ont plus.
– (Il) y a combien de points?
– Il y en a deux, même trois.
– Non, il n'y en a qu'un.
– Trois, trois seulement!.
– Ça fait deux : ça fera trois.
– C'est le treizième, ça suffira. »

• *De même pour le lieu ou les distances :*
« Je te dis qu'elle est à plus d'un mètre.
– Plus haut.
– Juste en dessous.
– Un peu loin.
– Trop près.
– Reste là.
– Elle (ne) descend pas.»

• *On peut aussi apprécier un coup ou un joueur* (toujours à la pétanque) :
« Ça, c'est un beau coup.
– Bien, Gérard. Bien joué.
– Celle-là, elle est belle.
– C'est mieux.
– Ça ne m'étonne pas.
– Il a mangé du cheval.
– Tu le fais exprès.
– Tu joues au radar.
– Ah! mais c'est pas vrai. »

Remarquons que la compréhension va en général de soi (gestes, situations, éléments redondants), que la répétition est ici naturelle, et que le langage est simple (bien sûr il y a des images et des expressions pittoresques réservées aux initiés. Mais ce n'est pas ici notre propos.)

Donc jouer à la pétanque et commenter les coups en français peut permettre de mieux employer les quantitatifs, les expressions de lieu ou d'appréciation. Les élèves illustreront et fixeront ainsi l'emploi d'éléments qu'ils auront appris par ailleurs. Le professeur de français, jouant le rôle d'arbitre, pourra proposer, en passant sans insister, des expressions nouvelles qui seront reprises après le jeu.

Après cet exemple, passons en revue des tournures qui peuvent s'appliquer à des jeux très divers.

• *Comprendre un jeu :*
« Tu peux (pourrais) répéter la règle.
– Je n'ai pas bien compris (toujours pas).
– C'est à qui de jouer?
– On apprendra en jouant.

– On fait un tour pour rien.
– Et maintenant qu'est-ce que je fais? (qu'est-ce que je dois faire?)
– Tu peux nous redire la valeur des cartes?
– C'est le valet le plus fort? (le six, l'as...)
– Est-ce que j'ai le droit de...?
– On va jouer un coup pour rien, comme ça tu comprendras. »

• *Modifier un jeu :*
« J'ai une idée, on pourrait enlever tous les sept (ajouter un dé).
– Chez moi la règle est différente, tu veux la connaître?
– Encore une nouvelle règle!
– On pourrait décider (convenir) que...
– Non, on n'a pas le droit de changer la règle.
– Le jeu, c'est le jeu.
– Si on n'avait pas le droit de « bloquer », ça irait plus vite (ce serait plus facile, plus simple, plus intéressant). »

Remarquons ici l'emploi du conditionnel présent.

• *Évaluer l'intérêt d'un jeu :*
« C'est amusant (ennuyeux, trop compliqué, trop facile, trop long).
– A deux, ce jeu n'est pas amusant (est sans intérêt).
– Ce jeu me plaît car on n'a pas besoin de se casser la tête.
– Ce n'est pas un jeu.
– Seul le hasard compte.
– Non, il faut aussi réfléchir.
– Il faut savoir se servir du hasard. »

• *Apprécier un coup précis* (fait ou à faire) :
« C'est épatant (formidable, inutile, interdit).
– C'est un beau coup (un coup extraordinaire).
– On réussit ça une fois dans sa vie.
– C'est un coup chanceux (impossible).
– Ce n'est pas honnête.
– Il ne faut pas tenter le diable! »

Remarquons dans les deux derniers paragraphes l'emploi du présentatif « c'est » (+ adjectif ou + un + nom + adjectif).

3. Parler à ou à propos d'un joueur.

Selon les cas, la personne qui parle peut être un spectateur, un partenaire, un adversaire, ou le joueur lui-même qui commente son coup. En partant des spectateurs, les expressions retenues ne seraient guère différentes (le spectateur moyen s'identifie à un joueur).

• *donner un avis, un ordre à un autre joueur :*
« Arrête, tu as assez gagné (perdu).
– Continue, cette fois tu vas gagner (réussir).
– Tu ne peux pas le manquer.
– Tu ferais mieux d'abandonner.
– A ta place, je jouerais comme ça.

– Mais tu n'es pas à ma place!
– Si j'étais toi je me mettrais ici.
– Joue moins vite.
– Réfléchis avant de jouer. »

• Dans les jeux de mouvement pratiqués en équipes, cette rubrique est particulièrement importante. C'est ainsi que les sportifs jouent constamment en parlant à leurs partenaires et à leurs adversaires.

A un partenaire :
« Ici! Passe! Donne!
– Passe tout de suite!
– Plus vite!
– A Pierre!
– Là (en arrière, en avant, en profondeur, change d'aile).
– Attention au n° 8!
– Regarde à gauche.
– Continue (accélère)!
– Bien, Pierre, ça va aller!
– Bien vu! Bravo! »

A un adversaire :
« T(u) es trop jeune!
– T(u) as appris à jouer dans une pochette surprise (!)
– Eh! le vieux, tu devrais être assis devant la télé!
– (Ne) recommence pas ça!
– La prochaine fois, je (ne) te manque pas!
– Des comme toi, il m'en faudrait six. »

Remarquons ici l'emploi du conditionnel et des différents moyens d'exprimer l'ordre (impératif, adverbes de lieu, de manière).

• *Apprécier un joueur* (ou soi-même) :
« Qu'est-ce que je joue mal aujourd'hui!
– Qu'est-ce que j'ai fait au bon Dieu!
– Formidable. Je m'étonne moi-même!
– Bravo (chapeau. Ça, il faut le faire)!
– Tu joues de plus en plus mal (il).
– Il est vraiment très fort.
– C'est bien lui le meilleur. »

« Tu triches (tricheur, sale tricheur, impossible de jouer avec un tricheur pareil, je ne joue plus; tu triches tout le temps).
– Non, mais regardez-le faire! »

« Tu as trop de chance (veine[1]).
– La chance, ça se travaille!
– Encore un coup de veine!
– Et pourtant je n'ai jamais de veine au jeu!
– Pas de chance!
– C'est de la faute à « pas de chance ». »

1. La chance et la malchance par suite des tabous et des superstitions qui s'y attachent au seul fait de les nommer donnent lieu, dans toutes les langues et tout particulièrement en français, à un nombre infini de métaphores souvent argotiquées que nous ne saurions énumérer ici et qui permettent précisément d'éviter de nommer ces puissances adverses (métaphores propitiatoires ou euphémismes conjuratoires).

Remarquons ici l'emploi des comparatifs et des intensifs.

Conclusion sur ces trois rubriques :
Le classement proposé en douze sous-parties nous a paru commode et suggestif. Il peut permettre de fabriquer des jeux, de les commenter et d'apprécier les joueurs. Les expressions retenues ne sont pas suffisantes pour comprendre les jeux mais elles contribuent à cette compréhension.
Un jeu peut consister à prendre au hasard un ou deux éléments dans dix des sous-parties, à voir quel jeu on peut inventer à partir de là, à le pratiquer, etc. A vous de jouer !

4. Jouer à partir des mots

Cette rubrique étant développée dans un autre chapitre (p. 28), nous nous limitons au point suivant : Quel jeu peut permettre d'activer telle ou telle construction? En feuilletant des ouvrages sur les jeux, il n'est pas rare de trouver des réponses. D'autre part pour privilégier l'emploi de certaines formes, on peut se centrer sur une situation (ex. 4 : tombola).

Exemple 1 : Les « Pourquoi » et « Parce que » (*Jeux et Divertissements*, Marabout-Service 240, p. 143).
« Les « Pourquoi » et « Parce que » :
Chaque joueur écrit sur son feuillet une phrase qui commence avec un « Pourquoi ? »; il plie et passe le feuillet au voisin, qui donne une réponse commençant par « Parce que ». Le joueur suivant recommence avec un « Pourquoi ? » et ainsi de suite. Le résultat pourra provoquer le fou rire et se présenter par exemple comme suit : « Pourquoi le coq, sur la tour de l'église, a-t-il le bec ouvert ? / parce que ma tante réussit parfaitement les boulettes. » Ou encore : « Pourquoi l'eau ne coule-t-elle jamais de bas en haut ? / Parce que, depuis que je suis tout petit, je n'ai jamais aimé le jus de tomate. »
On pourra, à la fois pour des raisons pédagogiques et d'agrément ajouter « pour » (« pour que »).

Exemple 2 : Les conditionnels (*Jeux de société*, Marabout-Service 80, p. 230).
Joueur 1 : Proposition avec si + l'imparfait.
Joueur 2 : Proposition principale (conditionnel présent). (Le joueur n° 2 ne sait pas ce qu'a écrit le joueur 1).
L'auteur cite ici des maîtres.
« André Breton : Si la canaille pouvait dire son mot...
Pierre Unick : les mendiants seraient enterrés dans la basilique de Saint-Denis ». (Il n'y a pas de hasard !)
Ce jeu est évidemment réalisable avec d'autres subordonnées (temps : quand – pendant que. Concession : bien que).
Le résultat est parfois aussi intéressant.

Exemple 3 : (Jeux et divertissements, MS 240, p. 142) Moyen efficace de revoir des expressions de manière, de temps et de lieu.
« Cinq réponses à cinq questions :
Comme c'est le cas dans certains procès-verbaux d'affaires crimi-

nelles, il faut donner ici cinq réponses aux questions : Qui? Quoi? Comment ? Quand ? et Où ? Chacun écrit d'abord le nom d'un des partenaires (réponse à la question Qui ?) sur son feuillet; il le replie et le passe à son voisin de droite, qui, à la question suivante (Quoi ?), répond par une activité (qui peut être une plaisanterie comme : ne fait rien, boit, ronfle, prend la poudre d'escampette, etc.). Le troisième joueur devra (pour la question Comment ?), indiquer le caractère ou la qualité de cette action (par exemple : activement, paresseusement, joyeusement, en renâclant, en gémissant, etc.). Au quatrième joueur (en réponse à la question Quand ?) de décrire une circonstance de temps pour cette activité (par exemple : avant-hier, tous les jours, au Nouvel An, à minuit, chaque année à Pâques, etc. Le cinquième joueur répond (à la question Où ?) en indiquant le lieu où cela se passe ou s'est passé (par exemple : au lit, dans le tramway, sur le toit de la maison, au lac Majeur, en soucoupe volante...). On lira, pour la joie de tous, le résultat de ce procès-verbal inouï, en reliant au besoin les indications diverses. »

Exemple 4 : Notre problème était d'aider les élèves à distinguer les emplois de « un » et « le ». Il est facile de le faire à partir d'une tombola. Exemple zéro (moins de soixante heures de français) : On obtient schématiquement :
Liste des lots : cinq stylo-billes,
un livre,
un couteau, etc.
Papier replié choisi par les élèves :
un stylo-bille,
livre,
couteau.
Les élèves viennent chercher leur lot.
Élève 1 à 5 « J'ai (gagné) un stylo-bille.
6 – J'ai (gagné) le livre.
7 – J'ai (gagné) le couteau. »
Or la tombola peut se pratiquer à plusieurs niveaux. Voici un développement possible (le « hors-jeu » n'est cité que pour mémoire, chacun étant libre de l'utiliser ou non, dans tous les cas en le séparant nettement du jeu) :

1. *Tombola n° 1*
Nos élèves n'ayant jamais organisé de tombola[1], nous commencerons par en simuler une. Les élèves auront seulement à :
- simuler la vente et l'achat des billets;
- simuler la distribution des lots gagnants.

Matériel : objets dessinés.
Série de billets à distribuer aux élèves.
Fiches de résultats.
Bien entendu les objets que nous indiquons ici ne le sont qu'à titre d'exemples et peuvent être changés sans inconvénient.

a) Distribution des billets de tombola. Les élèves vendeurs et acheteurs de billets utiliseront des énoncés comme :

1. Pour plus de détails *et* en particulier pour les références théoriques sur les prédéterminants, voir le multigraphié B. E. L. C. n° 4148.

« Qui veut un billet?
– Qui veut ce billet?
– Et celui-là?
– Qui veut le numéro 50? (ou un autre nombre).
– Qui n'a pas son billet?
– Qui veut prendre le dernier?
– Moi, j'en veux un (deux, etc.)
– J'en veux un qui se termine par zéro (ou un autre chiffre), etc. »

b) La feuille de résultats. Les élèves vont chercher leur lot à l'appel du numéro. Nous ne donnons ici que des exemples :
Le n° 1 gagne les timbres hollandais.
Le n° 3 gagne la carte de Belgique.
Le n° 4 gagne un stylo.
Le n° 5 gagne un stylo.
Le n° 6 gagne une carte postale au choix et la photo (dédicacée de Bernard Thévenet).
Le n° 7 gagne le disque de Georges Brassens, etc.

2. *Tombola n° 2*
Il s'agit d'une variante qui, là encore, n'est donnée qu'à titre d'exemple.
a) Règle du jeu à proposer.
Les dix premiers billets sortis gagnent un lot, au choix des gagnants; les suivants gagnent deux lots.
b) Tirage de la tombola.
On aboutira à des dialogues du type suivant :
E1 : Le premier billet est le n° 3.
E2 : Le voilà.
E1 : Que choisis-tu?
E2 : La montre de plongée.
E2 : Naturellement.
E1 : Maintenant, le n° 12.
E3 : C'est moi qui l'ai. Je voudrais la collection de timbres, etc.

c) Un peu de correspondance.
Élaborations individuelles ou par groupes ou collectives de lettres, dans lesquelles sont annoncés certains résultats.

Exemple 1 :
« Mon cher ami. Une fois n'est pas coutume, j'ai gagné à la tombola, et quel lot! Une montre de plongée. Cette montre, c'est déjà les vacances, la Méditerranée, etc. »

Exemple 2 :
« Ma chère amie, si je t'écris, c'est que je pense à toi, mais c'est aussi parce que je viens de gagner un stylo et du papier à lettres à la tombola du lycée. Le stylo ne vaut pas grand-chose, mais le papier, c'est justement le même que celui avec lequel je t'ai écrit pour la première fois, etc. »

3. *« Hors-jeu » à partir des tombolas*
Il est évident que l'observation et la réflexion sur l'emploi des déterminants doivent partir d'une sélection d'éléments réellement obtenus. Nous ne proposons donc pas une théorie d'ensemble, mais quelques éléments qui peuvent faciliter la mise en place d'un micro-système.

Si l'on avait d'autres éléments, par exemple une liste de lots sans déterminants, il faudrait en tenir compte.

Tombola 1 (Réflexion)
Dans la situation proposée, les objets sont sous les yeux des participants. La situation détermine les objets.

• Répartition des déterminants dans cette situation.

	le, la	*un, une*	*les*
Objet unique (ex. : la carte de Belgique)	+		
Objet extrait d'un ensemble de plusieurs objets (ex. : un stylo)		+	
Ensemble d'objets (ex. : les timbres hollandais, glose possible : tous...).			+

• Remarquer la non-apparition de « des », à cause de son « imprécision », incompatible avec la situation et la possibilité dans la colonne « un, une » d'utiliser des nombres.

• Nous partons, bien sûr, des énoncés proposés plus haut.

Tombola n° 2 (Réflexion)
Qui est au courant? Pour qui le lot est-il déterminé, identifié?
(Le signe moins (–) signifie que le destinataire, en « contexte zéro », n'est pas au courant. Autrement dit, l'article indéfini est lié au fait que le destinataire n'est pas au courant, même si l'objet est parfaitement défini pour l'expéditeur.) Se reporter aux énoncés dans le jeu :

SITUATION DE COMMUNICATION : QUI EST AU COURANT ?				
Détail des énoncés plus haut	*Les participants présents à la tombola*	*Correspondance*		
		Expéditeur	*Destinataire*	
			contexte zéro	*contexte préalable*
la montre de plongée	+			
une montre de plongée		+	+	
cette montre		+		+
un stylo et du papier à lettres	+			
le stylo et le papier à lettres		+	+	
le stylo... le papier		+		+

contexte zéro : on met le destinataire au courant;
contexte préalable : le destinataire est déjà au courant.

Conclusion pour cette rubrique et pour l'ensemble :

Les quatre exemples présentés nous semblent suffisants pour montrer la possibilité d'utiliser les jeux à partir d'un projet linguistiquement défini. Nous avons l'occasion avec ces quatre jeux d'activer *l'emploi de la cause et du but et de leur relation avec la question (pourquoi?), l'emploi du conditionnel, de certaines expressions de manière, de temps et de lieu, des prédéterminants et nous avons suggéré en passant la possibilité d'emploi de subordonnées de temps et de concession. On conviendra que la moisson est riche.*

Si l'on reprend l'inventaire proposé dans les trois premières rubriques on remarque l'utilisation assez régulière d'autres catégories grammaticales (nous les avons signalées au fur et à mesure).

Ce que nous avons voulu montrer, c'est tout simplement que la connaissance de ce qu'on dit quand on joue contient en soi une réalité grammaticale. Il n'y a pas d'un côté la grammaire (les régularités de la langue) et de l'autre le discours (la parole ludique mise en actes) mais l'une *se dégageant* de l'autre par la démarche naturelle des parcours discursifs. Pédagogiquement il est légitime d'aider à ce *dégagement,* en particulier pendant ce que nous venons d'appeler les *hors-jeux* (4-3).

Il est fructueux d'aller plus loin en constatant que les moyens d'expression utilisés pour les jeux trouvent aussi leur champ d'application dans beaucoup d'autres activités (il s'agit de construire un pont. On a besoin de dix hommes. On pourrait changer de plan. On réussit un tel travail une fois dans sa vie. C'est bien lui le meilleur, etc.)

Donc la langue est dans le discours des jeux et sur les jeux. Aider à l'apprentissage, c'est aller du discours au discours en passant par la langue pour des raccourcis fructueux. Voilà ce que permettent les jeux.

A. L.

III. Jeux sur les mots, Jeux avec les mots

1. JOUER AVEC LA SUBSTANCE DES MOTS

Les mots ne sont pas des jouets, tels toupies, poupées, yoyos, totons et bilboquets; et pourtant on peut jouer avec, comme le dit Daniel Vever, « sans matériel[1] ». L'immatérialité des mots fait que les jeux de mots sont difficiles à cerner, à définir, à classer. Mais peut-être faut-il précisément, pour que l'on puisse jouer avec les mots, leur donner, ne serait-ce que le temps d'un jeu, une certaine épaisseur.

Si nous avons renoncé à appeler ce chapitre « jeux métalinguistiques », c'est qu'un tel titre eût plutôt contribué à suggérer l'évanescence du signe que sa matérialité ludique, par l'effet intellectualisant d'un terme qui rime fâcheusement avec métaphysique. Par le jeu de mots, les signes deviennent palpables : on se rend compte que les mots ne sont pas seulement fait de phonèmes et de graphèmes, mais de sons et de lettres, et que ces sons et ces lettres s'appellent et se répondent d'un mot à l'autre dans des correspondances d'autant plus polissonnes que les sens finissent toujours par s'en mêler et s'y emmêler.

Jouer avec les mots devient alors jouer avec la substance de l'expression, sons, lettres, syllabes, rimes... et avec les accidents de forme et de sens qu'entraîne cette manipulation[2].

Lorsque le sens et ses ambiguïtés interviennent, on cesse progressivement de jouer *avec* les mots et l'on finit par jouer *sur* les mots, c'est-à-dire par produire des *jeux de mots* dont nous ne traiterons pas ici, car le jeu de mot avec ses allusions, ses glissements de sens et ses codages subtils implique un niveau de compétence lexicographique et culturelle qui n'est pas à la portée des débutants.

Les manipulations des jeux formels où l'on joue avec les lettres, les sons ou les syllabes pour former des mots, énumérer des mots, découvrir un mot caché ou encore modifier ou combiner des mots semblent plus simples : il n'en est rien : tout dépend des règles et des contraintes que l'on se donne; certains jeux sont à la portée d'un jeune enfant ou d'un débutant en langue étrangère, par exemple donner le plus de noms d'animaux possibles commençant par la lettre C, ou recher-

1. Daniel VEVER : « Jouer sans matériel » in *Le Français dans le Monde,* n° 123, août 1976; article reproduit ci-dessous.
2. D'excellents auteurs ou spécialistes tels qu'André Breton et Giampaolo Dossena estiment qu'on ne joue pas avec les mots mais que ce sont les mots qui jouent « tout seuls ».

cher l'anagramme de NOS; il est aisé de remarquer que ICI, EVE, LAVAL sont des palindromes, c'est-à-dire qu'on peut aussi bien les lire de gauche à droite que de droite à gauche; on peut s'amuser également à composer de petites phrases lipogrammatiques[1] où l'on s'abstient d'employer telle ou telle voyelle du français.

En revanche on remarque moins immédiatement que le prénom ELISA a pour palindrome inquiétant ASILE et que NIER a pour anagramme RIEN, et seul un joueur de scrabble de compétition peut trouver les 13 anagrammes de TSARINE. Si l'on peut rêver à d'inaccessibles performances on lira dans l'*Oulipo* un palindrome de 6 pages de Georges Perec et, du même auteur les deux classiques du lipogramme *La Disparition,* roman qui n'utilise jamais la lettre E et *les Revenentes* roman qui au contraire n'utilise que la voyelle E à l'exclusion de A, I, O, U et Y.

Les jeux dont la solution consiste à trouver un mot d'après une définition plus ou moins précise, ou énigmatique, tels que les mots croisés, les charades ou les rébus présentent également une échelle de niveaux de difficultés qui va de l'initiation passe-temps au casse-tête à peu près insoluble.

Un enfant de 8 ans et un débutant en français déchiffreront sans difficulté un rébus syllabique représentant un chat et un pot, la solution étant *chapeau.*

Ils n'auront pas plus de mal à obtenir le même résultat si l'on transforme ce rébus en charade :
– Mon premier est un animal domestique doux à caresser.
– On met du vin ou des fleurs dans mon second.
– On met mon tout sur sa tête.

Mais il n'est pas question de leur demander de trouver la solution d'un rébus de difficulté très moyenne pour un amateur tel que le classique dessin du rébus dont la solution est :

Un grand abbé a traversé Paris sans souper
(un / grand AB / a traversé par I / 100 sous P).

On sait également que la charade peut atteindre de vertigineux sommets de complexité lorsque la définition des syllabes est remplacée par une cascade de calembours comme dans la charade à tiroirs[2]. Dans une charade pour journaux d'enfant, la deuxième syllabe du prénom Victor.

TOR sera défini : « Mon second est le contraire de raison » (tort).

Dans une charade à tiroir on trouvera des définitions qui sont elles-mêmes des jeux de mots :

1. Le lipogramme est un texte où l'on évite d'employer une ou plusieurs lettres de l'alphabet. Plus la lettre interdite est fréquente (E, voyelles ou consonnes fréquentes telles que S.R.L.N.T.) plus le jeu est difficile; voir également les *Alphabets* de Georges Perec, Paris Galilée 1976.
2. Voir P. GUIRAUD : *Les jeux de mots* et Luc ESTIENNE : *L'art de la charade à tiroirs.*

– « Mon second c'est un assassin » (parce que « TOR tue » = tortue) ou encore « mon second est employé des postes » (parce que « TOR est facteur » = toréfacteur).

Il en est de même des mots croisés. A un niveau débutant la définition de POMME sera celle du dictionnaire : « fruit du pommier » ou une définition plus vague « fruit »; mais dès que le mot croisé s'adresse à des cruciverbistes plus exigeants la définition deviendra ou allusive ou équivoque c'est-à-dire obscurcie par un jeu de mots : l'allusion peut être une référence à la Bible (Adam et Ève mangeant la pomme au Paradis terrestre), à la mythologie (la pomme de discorde du berger Paris) ou à la culture anecdotique (la pomme de Guillaume Tell). La définition avec jeu de mot propose une véritable énigme; ainsi *pommes* peut-il être défini par :

– « On ne les mange pas quand on tombe dedans » en jouant sur l'expression familière *tomber dans les pommes* dont le sens est *s'évanouir.*
– ou par *fruit qui donne de l'eau* par allusion à la pomme de l'arrosoir.

Nous ne résistons pas au plaisir de citer la définition célèbre et typique de l'utilisation des doubles sens dans les mots croisés :

« Vide les *baignoires* et remplit les *lavabos* ».

Il est évident qu'il ne peut y avoir de plaisir à trouver ou à essayer de trouver la réponse ENTRACTE qu'avec un public qui connaît ces trois termes (compétence lexicale d'adulte natif ou bilingue) et qui sait que baignoire peut désigner une loge de théâtre[1].

Une autre subtilité des mots croisés peut être l'ambiguïté de définitions *métalinguistiques,* c'est-à-dire portant sur l'aspect formel du mot et non sur sa signification. Un néophite se cassera la tête devant « arrivée dans le désordre » en cherchant un mot technique dans le vocabulaire du tiercé et des courses de chevaux alors que la solution est « VUENE » (VENUE, synonyme de ARRIVÉE, écrit dans le désordre). Les mots croisés anglo-saxons utilisent constamment ce procédé qui requiert une attention que l'on ne peut attendre d'un débutant.

On trouvera ci-dessous les excellents inventaires de D. Vever, A. Reboullet et J. Verdol qui donnent une liste à peu près exhaustive des jeux linguistiques « classiques » utilisables dans l'enseignement. Plutôt que de chercher à compléter ces inventaires, nous nous contenterons de quelques observations :

– L'intérêt ludique de jeux trop simples s'émousse vite sans qu'on puisse pour autant les remplacer par des jeux plus subtils mais, comme nous l'avons vu, trop difficiles.

– Comment dans ces conditions préserver le plaisir du jeu sans lequel les jeux de langage ne sont pas plus que de plats exercices scolaires déguisés ? La solution est peut-être de mettre les élèves en situation de production de jeux verbaux. Plus créative et plus grati-

1. Roger La Ferté et Jacques Capelovici : *Pratique des mots croisés,* coll. « Que sais-je? » n° 1624, Paris P. U. F., 1975.

fiante, la production peut même transformer en jeu ce qui n'est pas habituellement qu'un exercice formel. Ainsi, pourquoi ne pas faire fabriquer par les élèves des exercices phonétiques du genre :

Turlututu chapeau pointu
Natacha n'attacha pas son chat
Je vais au bal de l'escadrille habillé en gorille avec une mantille.

Ces exercices sont ennuyeux à subir mais amusants à fabriquer : on peut leur donner les consignes que se donne habituellement un auteur d'exercices : travail sur des sons difficiles ou insertion d'oppositions phonologiques.

D'une manière générale, on fera jouer les élèves avec les aspects formels du langage et on leur fera inventer pour leurs camarades, les uns pour les autres, rébus, devinettes, charades, etc. On sait qu'en général les auteurs de bons mots, d'histoires drôles et de calembours sont les premiers et parfois les seuls à en rire; tel jeu de mots qui serait senti comme terne proposé par le manuel suscitera beaucoup plus de gaieté s'il est fabriqué par les intéressés, au besoin avec un peu d'aide.

Une autre possibilité est de rechercher chez les écrivains et les poètes des idées de jeux verbaux différents de la tradition des jeux d'esprit ou des jeux de société. Le chapitre consacré aux jeux de créativité fera une part importante aux jeux surréalistes. L'ouvrage le plus suggestif en ce qui concerne les jeux verbaux formels est sans conteste l'*Oulipo* de Raymond Queneau[1] et de ses amis. Citons l'auteur de Zazie dans le métro :

« Quel est le but de nos travaux. Proposer aux écrivains de nouvelles « structures » de nature mathématique ou bien encore inventer de nouveaux procédés artificiels ou mécaniques contribuant à l'activité littéraire : des soutiens de l'inspiration, pour ainsi dire, ou bien encore, en quelque sorte une aide à la créativité. »

Les limites de cet ouvrage ne permettent pas d'illustrer toutes les utilisations que l'on peut faire à des fins pédagogiques des techniques de l'Oulipo. Nous nous contenterons à titre d'exemple de présenter la Méthode S + 7.

La méthode S + 7

Il s'agit d'une technique de transformation automatique de textes au moyen du dictionnaire, mise au point par Jean Lescure et Raymond Queneau[2].

« S + 7 veut dire simplement que l'on remplace tous les substantifs d'un texte par le septième qui le suit dans un lexique donné. »

Si l'on applique la méthode S + 7 à :
1 « Prolétaires de tous les pays, unissez-vous ! »
ou à
2 « Allons enfants de la patrie
L'étendard sanglant est levé ».
On peut obtenir respectivement :
3 « Promeneurs de toutes les peccadilles, etc. »
et
4 « Allons, enflures du pâturage
L'ethnographe sanguin est lézardé »
La méthode S-7 donnerait pour 1.
5 « Profiteurs de toutes les pavanes ».

Appréciation : excellent jeu à niveau moyen ou avancé, pour donner le goût des manipulations lexicographiques.

Une variante de la méthode S + 7 consiste à opérer non seulement sur des substantifs mais sur tous les mots sémantiques (adjectifs, verbes), comme on l'a fait dans l'exemple n° 4.

En ce cas, pour ne pas obtenir des énoncés incohérents, on doit, à partir du septième mot chercher le premier mot de la même classe. Cette manière de jouer impose aussi de respecter les contraintes de construction, telles que la transitivité des verbes, ce qui augmente l'intérêt de la manipulation lexicographique pour des étudiants de F. L. E.

F. D.

1. OULIPO : *Ouvroir de littérature potentielle* (Créations, Re-créations, Récréations, Paris Gallimard 1973).
2. *Oulipo,* pp. 143 à 154.

2. DES JEUX INDIVIDUELS DE LANGAGE

Au terme de trois ans de parution, une centaine de jeux linguistiques différents : voilà qui invite les rédacteurs de *Passe-Partout* à s'interroger sur cette technique pédagogique, à l'inventorier, à l'analyser et à l'évaluer. De ces jeux, certains sont traditionnels : nous n'avons inventé ni le rébus, ni les mots croisés; d'autres sont plus originaux et quasiment composés sur mesure pour les lecteurs de la revue. Tous ont des caractères communs qui seront dégagés en conclusion. Ils forment ensemble un moyen d'acquisition et d'exploitation du matériel sonore, lexical et phraséologique dont est constituée la langue.

le matériel sonore

Ce matériel peut se prêter à des jeux, mais cela suppose ordinairement des moyens appropriés (disques, par exemple) et l'intervention nécessaire du professeur pour animer et contrôler.

Dans une revue qui peut être lue en classe *mais aussi hors de la classe,* les possibilités étaient peu nombreuses. Le seul jeu présenté consiste à identifier un même son dans plusieurs mots, ces mots étant suggérés par l'image.

JEU 1 - Où est « où »? (*Passe-Partout,* n° 6, mars 1968).

Un dessin représente l'angle de deux rues. L'on peut y reconnaître une b*ou*cherie (et un b*ou*cher), une b*ou*langerie, une auto qui t*ou*rne, un monsieur qui c*ou*rt, un enfant avec un j*ou*et, etc.

Ce jeu n'est que partiellement un jeu de phonétique. Pour que l'étudiant retrouve le son *ou* dans un certain nombre de mots (deuxième temps du jeu), il faut que, dans un premier temps, il ait lié l'image (signifié) au mot (signifiant) ou même au syntagme *(un monsieur qui court).* Ce jeu est donc d'abord un jeu lexical et phraséologique.

le matériel lexical

C'est notre outil préféré. « Cherchez le mot » est la formule clé d'innombrables jeux linguistiques.

Certes, dans quelques cas, on part du mot lui-même et l'on va du signifiant au signifié. Il s'agit alors de mots récemment acquis, expliqués en page 15 dans *La Clé des mots,* et dont on veut vérifier, en proposant des choix multiples, que le sens a été bien compris.

JEU 2 - La Clé des mots (*Passe-Partout,* n° 7, avril 1968).

Un des mots à faire trouver est *le glacier.* Il faut opter entre trois définitions dont deux sont inexactes : quelque chose que l'on mange à la fin du repas; une rivière de glace dans la montagne; un marchand qui vend des vitres pour les fenêtres.

Le chemin inverse, du signifié au signifiant, est, de très loin, le plus fréquenté.

Le signifié est évoqué, selon les jeux, par l'image, les oppositions sémantiques, la phrase à trou, la définition.

A L'image (photo ou dessin) plaît aux jeunes et les méthodes audio-visuelles les ont familiarisés avec la notion de code visuel.

Dans la formule la plus simple, on propose un choix d'images (dans un cadre) et, à côté, une liste de mots. Il suffit de faire coïncider images et mots.

On peut perfectionner la formule en rendant cette coïncidence partielle.

JEU 3 - Sur le bureau de *Passe-Partout* (*Passe-Partout,* n° 1, octobre 1966).

Sur le bureau de *Passe-Partout,* il y a un crayon, un stylo, trois livres, une lampe, un téléphone, des ciseaux, une machine à écrire.

Qu'est-ce qui manque sur la photographie ? Qu'est-ce qu'il y a en plus ?

B La découverte des *oppositions sémantiques* est souvent aussi aisée que celle du sens d'une image.

JEU 4 - Le mot qui manque (*Passe-Partout,* n° 5, février 1967).

On propose au lecteur des séries de mots en opposition. Un mot manque qu'il faut trouver avec l'aide de son contraire.
— perdre, ..., mou, dur, vieux, jeune
— assez, continuer, long, trop, arrêter...

C Le mot qui manque dans une phrase, c'est, reconnaissons-le, une reprise du traditionnel « exercice à trous ». L'art, ici, est d'introduire cette technique ancienne dans des formules nouvelles.

JEU 5 - Que nous dit la cigale? (*Passe-Partout,* n° 7, avril 1967).

La cigale nous dit : « Le soleil me fait chanter. » Et les élèves qui ignorent cette phrase doivent la découvrir mot par mot. Par exemple, *chanter* dans la phrase : Si vous arrivez à Marseille, ce n'est pas une raison pour... *La Marseillaise*[1].

Plus difficiles, et plus originaux, sont les jeux qui portent sur les acceptions (et les collocations) différentes d'un même mot.

JEU 6 - Le mot commun, (*Passe-Partout,* n° 7, avril 1969).

Il faut trouver le mot qui précède trois « bouts de phrase ».

... { l'heure
le nom de quelqu'un
son parapluie dans un magasin.

(réponse : oublier)

... { un mouchoir de sa poche
les oreilles à un méchant garçon
un coup de fusil.

(réponse : tirer).

JEU 7 - Chercher le mot (*Passe-Partout,* n° 2, novembre 1968).

Le mot « commun », ici, est *pièce.* Il faut le trouver grâce à des phrases illustrées par des dessins.

Ex. : Pour se peser, il faut avoir une... (de monnaie).
Le moteur ne marche plus, il faut remplacer une ...
Il habite une belle maison de quatre ...
Etc.

D La *définition* est toujours difficile. Difficile à composer pour le rédacteur. Difficile à interpréter pour les lecteurs. Il faut cependant apprendre à nos lecteurs à l'utiliser, ne serait-ce que pour se servir commodément d'un dictionnaire un jour.

La définition est le matériau ordinaire de tous nos mots croisés[2]. Elle se prête aussi à un jeu qui pourrait être décrit comme celui de « la définition progressive ».

JEU 8 - Qu'est-ce que c'est? (*Passe-Partout,* n° 4, janvier 1968).
1 - Elle est tranquille, calme ou en colère.
2 - Elle porte ou elle enveloppe.
3 - Elle commence à l'endroit où finit la terre.

(Réponse : la mer.)

1 - Il est en bois, en pierre ou en fer.
2 - Il est droit ou il tourne.
3 - Il monte ou il descend.

(Réponse : l'escalier.)

1. En classe, le professeur ne manquerait pas d'utiliser cette phrase comme l'amorce d'un exercice de substitution : il en ressortirait que le mot à trouver ne peut être qu'un infinitif.
2. Voir l'article de J. Fiot (*Le Français dans le Monde,* n° 60).

Un tel jeu gagne à être pratiqué *en classe,* le professeur ne communiquant aux élèves la 2e (ou la 3e) phrase que si la 1re (ou la 2e) n'a pas permis de trouver la solution.

A la limite, on aboutit à la devinette.

Si la règle première est de passer du signifié au signifiant (ou réciproquement), le jeu peut être grandement facilité par des informations complémentaires données sur la graphie du mot.

Certes – on vient de le voir –, il n'est pas toujours nécessaire d'utiliser la graphie des mots pour trouver la solution, mais, très souvent, il en va différemment, soit que les rédacteurs souhaitent aider le lecteur, soit qu'ils veuillent le familiariser avec l'orthographe des mots.

Les indications orthographiques portent sur :

A Le nombre de lettres que contient le mot : c'est le cas, par exemple, dans tous les mots croisés ou jeux apparentés.

B La (ou les) *première*(s) *lettre*(s) du ou des mot(s).

JEU 9 - Cherchons les noms (*Passe-Partout,* n° 6, mars 1967).

Dans un dessin composite, il est représenté seize objets, animaux ou êtres humains, dont le nom commence par la seizième lettre de l'alphabet. Par exemple : pioche, pelle, poule, pont, poteau, etc.

Plus subtils sont les jeux suivants :

JEU 10 - L'arbre aux mots (*Passe-Partout,* n° 3, décembre 1966).

Il s'agit de trouver huit mots commençant par la lettre C et se répartissant en trois séries (d'après la deuxième lettre) : café, carte, cave; chat, chef, cher; coup, cour. Des définitions et des lettres à placer dans des cases permettent de trouver les huit mots.

JEU 11 - On a perdu une syllabe (*Passe-Partout,* n° 4, janvier 1967).

Cinq mots de deux syllabes sont à trouver. Ils commenceront tous par *la même syllabe de trois lettres* et se terminent respectivement par cher, leur, ler, per, teau[1]. (Solution : cou.)

C La (ou les) *dernière*(s) *lettre*(s) du (ou des) mot(s).

JEU 12 - La plus belle fleur de l'été (*Passe-Partout,* n° 8, mai-juin 1969).

C'est le jeu n° 11 inversé. Il faut trouver dix mots qui finissent tous par *les quatre mêmes lettres.* Le lecteur est aidé par des définitions et par le nombre de lettres.

Ex. : Elle pousse sur l'arbre (7 lettres) : la feu(ille).
Pour mettre le vin ou le lait, la bière ou l'eau (9 lettres) : la bou-te(ille).

1. Exceptionnellement, dans ce jeu, le sens des mots n'intervient pas.

D Sur une ou plusieurs lettres *au début, à l'intérieur ou à la fin d'un mot.*

JEU 13 - Changez ma tête (*Passe-Partout,* n° 5, février 1969).

Huit mots qui ne se différencient que par la première lettre et qu'il faut trouver à l'aide d'une définition :
– poule, coule, boule, roule, foule, houle, moule.
(Les trois derniers mots ne pouvaient être trouvés que par des étudiants ayant dépassé le niveau élémentaire.)

JEU 14 - D'un mot à l'autre (*Passe-Partout,* n° 8, mai-juin 1969).

Il s'agit d'aller de *ronde* à *Corse* en passant par monde, monte, morte, morde et corde grâce à des définitions.

Ex. : Une langue que l'on ne parle plus est une langue *(morte).*

Comme on l'a remarqué, dans la plupart des jeux, il s'agit moins de trouver un mot isolé qu'un groupe de mots. Ainsi s'introduit-il une cordonnée nouvelle : comment sont groupés ces mots ?

1 - Ils peuvent l'être sans raison apparente, ce qui est le cas le plus fréquent dans les mots croisés.

2 - Mais souvent une intention précise a présidé au choix des mots.

Ce peut être des mots qui appartiennent tous à un même champ sémantique[1].

JEU 15 - La vie à la campagne (*Passe-Partout,* n° 6, mars 1967).

Neufs mots doivent être placés dans une grille de mots croisés. Pour trouver chaque mot, on est guidé par le nombre de lettres et par une définition ou un dessin. Tous ces mots appartiennent à la vie rurale : œuf, élever, corne, récolter, coq, lait, bœuf, agriculture, tracteur.

JEU 16 - Je vous présente ma famille (*Passe-Partout,* n° 4, janvier 1969).

Il faut reconstituer l'arbre généalogique d'une famille, ce qui suppose la compréhension de mots tels que : oncle, nièce, grand-père, etc.

Ce peut être aussi des mots qui composent une phrase (ou une formule). C'est le cas du jeu n° 5. C'est aussi celui du jeu 17.

JEU 17 - Bonnes vacances à tous ! (*Passe-Partout,* n° 8, mai-juin 1968).

L'observation d'un dessin doit permettre de trouver dix-neuf mots. La première lettre de chacun de ces mots permet de composer la formule : Bonnes vacances à tous !

Ex. : Ballon, ouest, neuf, nord, enfant, seau. Vague, assiette, canne à pêche, auto, nuages, chien, escargot, soleil. Avion. Tente, oiseaux, un, sifflet.

1. On consultera avec profit l'*Inventaire syntagmatique du français fondamental,* de R. Galisson (collection « Le Français dans le Monde-B.E.L.C. », Hachette-Larousse).

le matériel phraséologique

Ce matériel est ambigu. En effet, la phrase peut être considérée soit comme assemblage de mots, soit comme unité de sens. De là, deux types de jeux fondamentalement différents.

Dans le premier cas, il faut partir à la recherche des éléments (sans oublier pourtant que ces éléments ne sont pas disparates mais unis, concourant à exprimer une idée). C'était le cas des jeux n° 5 et n° 17; c'est celui de tous les *rébus* composés à partir d'images ou de phrases à trous.

Plus pédagogique est le jeu dit de « la phrase à construire ». Les éléments de la construction étant fournis par les réponses à une série de questions (à propos d'un dessin)[1].

JEU 18 - Qui? Fait quoi? Où? Quand? Pourquoi? (*Passe-Partout,* n° 7, avril 1969).

L'analyse de tous les éléments de l'image permet de deviner que Jean et Henri font leurs devoirs dans leur chambre en sortant de l'école pour pouvoir jouer ensuite.

Dans ces jeux, nous allions du signifié vers le signifiant. Le plus souvent, ce sera le contraire : la phrase est proposée au lecteur, elle est un point de départ, le lecteur devra faire la preuve qu'il l'a comprise en la faisant correspondre à un dessin, à une autre phrase, à une phrase et un dessin, etc.

1. Cette technique est très remarquablement appliquée dans les trois *Cahiers d'exercices en français facile,* de R. Lichet (Hachette).

Le jeu porte donc ici non sur une phrase isolée, mais sur un ensemble de phrases.

Ces phrases peuvent être groupées sans lien logique. Ce sont, par exemple, des « phrases en situation » : une situation est évoquée par une image et le lecteur sagace doit faire correspondre à cette situation la phrase convenable.

Il a évidemment à choisir entre plusieurs images et plusieurs phrases (le nombre de ces dernières pouvant être plus élevé que celui des premières).

JEU 19 - Faites-les parler (*Passe-Partout*, n° 1, septembre-octobre 1967).

— Ça vaut combien?
— Voici votre petit déjeuner.
— Après vous !

Parmi les phrases proposées, il faudra retenir, bien sûr, « voici votre petit déjeuner »... mais le jeu peut n'être pas toujours aussi facile.

(Nous reproduisons une seule des images et trois des phrases proposées ainsi que l'amorce du jeu.)

JEU 20 - Qui téléphone à qui? (*Passe-Partout,* n° 5, février 1967).

Ce jeu est plus construit que le précédent : les huit phrases proposées vont par paires (question/réponse). Il s'agit de choisir d'après les dessins quelle est la personne X qui répond à la question posée par la personne Y et quelle est cette réponse.

On atteint un nouveau dégré de difficulté si, au lieu de phrases disparates, on compose une suite logique de phrases exprimant une série d'actions coordonnées, le récit d'un événement, une petite histoire, etc. L'effort de compréhension doit porter à la fois sur chaque phrase (en tant qu'élément) et sur le sens de l'ensemble (par exemple, sur le déroulement chronologique de l'événement).

Un des jeux, plus simple, consiste à choisir à propos d'un dessin entre plusieurs interprétations (une seule rend compte de tous les détails du dessin).

JEU 21 - Au bord de la rivière (*Passe-Partout,* n° 8, mai-juin 1969).

Ici, la séquence n° 3 (Jean, Philippe et Anne sont au bord de la rivière. Philippe essaie d'attraper des poissons. Anne dort sous son journal, Jean coupe un morceau de bois), très proche de la vérité, comporte cependant une erreur.

JEU 22 - Pour rentrer au garage (*Passe-Partout,* n° 2, novembre 1966).

Les gestes de M. Laurent sont exprimés par cinq phrases qui forment une suite chronologique cohérente. Mais les cinq images correspondantes ont été volontairement placées en désordre. Il faut, là encore, retrouver la correspondance phrase/image.

A l'extrême limite, on aboutit à un jeu où le lecteur est invité à *créer* lui-même une série de phrases qui sont, soit une question préalable à une réponse donnée, soit une phrase en situation.

JEU 23 - La famille Pommier part pour Caen (*Passe-Partout,* n° 4, janvier 1969).

Voici la première image du jeu. La phrase à trouver peut être : A quelle heure y a-t-il un train ce soir pour Caen ? ou : Y a-t-il un train ce soir pour Caen ? ou : Comment aller à Caen ce soir ? etc.

C'est un exemple rare de jeu pouvant admettre des solutions multiples.

Ici, on va du signifié (suggéré par l'image, ou par la question) au signifiant; mais à la différence des jeux n° 5, n° 17 et n° 18, la phrase n'a pas été « retrouvée », élément par élément.

jeux culturels et psychologiques

A côté de jeux linguistiques, *Passe-Partout* présente des jeux culturels portant soit sur des notions dont on peut penser qu'elles sont universellement connues, soit sur des notions qui ont fait l'objet d'articles de la revue. Un reportage sur la Normandie ou la Provence invite tout naturellement le rédacteur à composer un jeu sur l'une ou l'autre de ces provinces.
D'autres jeux sont tournés vers le lecteur et l'aident à se mieux connaître.

JEU 24 - Que se passe-t-il? (*Passe-Partout,* n° 7, avril 1967).

Cinq phrases sont proposées pour interpréter ce dessin en ombre chinoise.

1 - La maison brûle. Un homme est à la fenêtre et crie pour demander de l'aide.
2 - « Bon retour, bonne nuit ! » dit un monsieur à ses amis qui viennent de le quitter.
3 - « Te voilà enfin ! » crie le père en apercevant son fils qui rentre tard.
4 - Un acteur est en train de répéter une scène qu'il va jouer au théâtre.
5 - Des gens discutent à très haute voix dans une pièce. Un homme crie et lève le bras.

Selon le choix fait, on peut affirmer(?) que le lecteur est triste ou gai.

Plus sérieux, les *tests* proposent une série de questions ou d'options sur des sujets tels que :

Savez-vous voyager ?
Êtes-vous aimé par vos amis ?
Avez-vous de la personnalité ?

Notre propos n'est pas d'inventorier les jeux culturels ou les jeux psychologiques, mais de faire remarquer que, s'ils ne sont pas des jeux linguistiques au sens strict, du moins n'ont-ils pas été créés sans une certaine arrière-pensée linguistique et pédagogique.

conclusion

• Les jeux linguistiques de *Passe-Partout* sont avant tout des *jeux de contrôle*. Ils supposent toujours des connaissances (vocabulaire, formes syntaxiques, notions culturelles) très précisément délimitées et acquises par le lecteur. Pour le vocabulaire, par exemple, les mots à trouver figurent toujours soit dans la liste des mots du *Français fondamental 1er degré*, soit dans les mots nouveaux présentés au cours de l'année de parution et *tous* définis dans la page spéciale dite « la Clé des mots ».

• Dans cette perspective, ces jeux sont plus propices à la *fixation* des connaissances qu'au développement de la *créativité* linguistique. Cette orientation est accusée par la nécessité où se trouvent les rédacteurs de concevoir une revue pouvant être lue par l'étudiant seul, sans le secours du maître (d'où obligation de choisir, de préférence, une *seule* solution pour chaque jeu ou partie d'un jeu).

Toutefois, en classe, certains jeux peuvent se prêter à une exploitation *collective* qui, sous la conduite du maître, permet soit un enrichissement du contenu (sémantique et syntaxique), soit un nombre plus élevé de *performances* que les seules solutions prévues dans la revue, soit une adaptation à des niveaux différents dans une classe hétérogène.

• Partir d'un contenu linguistique défini ne signifie pas – on l'a vu – que tous les jeux se situent au même niveau. Tout au contraire, la plus grande variété est possible : elle va du bref au long, du simple au difficile.

• L'analyse de ces jeux permet de constater qu'aucun des grands problèmes linguistiques qui se posent dans l'apprentissage d'une langue n'a été ignoré. C'est reconnaître (on pouvait s'en douter) que le jeu linguistique n'est pas un *gadget* gratuit, mais une des techniques essentielles de la pédagogie des langues vivantes.

Cela dit, nous gardons le sentiment – réconfortant – que l'imagination ludique a encore bien des découvertes possibles, même dans le domaine limité qui est le nôtre.

A. R. et J. V.

3. JOUER SANS MATÉRIEL

Comment jouer sans matériel, c'est-à-dire sans matériel spécialisé, sans boîtes ou coffrets, sans « jeux », ni jouets ? Voici quelques suggestions, déjà mises en pratique pour la plupart, qui pourront servir de point de départ à des adaptations diverses.

JEU N° 1

Trouver des mots commençant par une lettre donnée.

Instructions : « Vous avez trois minutes pour trouver autour de vous – dans la classe, sur un dessin, une photo, etc. – des noms d'objets ou de personnes qui commencent par un « T » ... un « F » ... un « L », etc. Exemple : table, tableau, tapis, etc.

C'est une simplification du jeu que l'on appelle parfois le « baccalauréat » ou le « bachot » et dans lequel on fixe à l'avance des rubriques à caractère culturel :

Noms de	Pays	Villes	Rivières	Savants	Musiciens	Peintres

A ces rubriques, qui demandent en réponse des noms propres, on a intérêt à ajouter des catégories telles que : objets, couleurs, métiers, moyens de transport, etc.

A un niveau plus avancé (3ᵉ année peut-être), apparaîtront les catégories grammaticales : noms - verbes - adjectifs.

Variantes de ce jeu n° 1

Les élèves doivent trouver dans un texte écrit fourni par le professeur des mots qui se terminent par :

– un E (la graphe E)[1] : livre, chaise, fille, habite, gauche, etc.;
– une consonne prononcée : mur, partir;
– une consonne non prononcée : bras, temps, mandat;
– une consonne qui ne se prononce pas, mais qui modifie le vocalisme : main, bon;
– des mots qui ont 5 lettres : porte, merci, avion.
– des mots qui ont 6 lettres : cahier, madame, garçon;
– des lettres redoublées : femme, homme, terre;
– des mots dont la 3ᵉ lettre est un F, par exemple : café, défense, effacer.

On peut demander aux élèves de lire, à voix haute, le mot qu'ils viennent de repérer, de le recopier au tableau, d'en donner une définition toute simple. Ce qui, au départ, n'était que lecture peut rapidement devenir conversation. Oral et écrit ne sont plus séparés.

Commentaires

1° Comprendre. Les élèves doivent comprendre ce qu'ils disent ou écrivent. Les mots à détecter seront dans un contexte (texte rédigé

1 Pour désigner la graphie d'une lettre, nous utiliserons dans cet article une capitale.

par le professeur, texte en français facile, article de journal, publicité, etc.). *Ces mêmes mots seront réutilisés par les élèves dans une nouvelle phrase dite ou écrite.* Ce sera l'étape du « contrôle » (le mot est-il utilisé correctement ? sens et fonction), étape qui sera suivie, si nécessaire, d'explications (grammaticales et sémantiques). Contrôle et correction peuvent être l'occasion de récompenses attribuées à un seul joueur ou à une équipe.

2° Variantes. Les diverses variantes de ce jeu peuvent se recouper.

Ainsi *garçon* est un mot
– à 6 lettres,
– terminé par une consonne,
– le timbre final est modifié par cette consonne.

Le jeu peut aussi servir à l'étude de points de grammaire, de phonétique ou d'orthographe.

Exemple :
– découpage syllabique,
– correspondance orthographe/prononciation,
– accents.

Le jeu doit être rapide (5-10 mn). Ne pas tenter de faire toutes les variantes en une seule leçon, ni en une seule semaine.

Ce jeu peut servir à relancer l'intérêt des élèves :

– à annoncer quelques points qui vont être étudiés prochainement;
– à résoudre les problèmes matériels classiques (une partie de la classe est absente – on a dû changer de local sans préavis – les élèves n'ont pas de livres – le professeur remplace un collègue absent, etc.).

Le jeu est adaptable à des publics divers : les mots seront choisis en fonction des connaissances acquises, la phrase d'arrivée pourra être très simple ou très complexe, elle pourra n'être que la répétition d'une question ou d'une réponse dans le dialogue que l'on est en train d'étudier.

JEU N° 2

Changer une lettre d'un mot, et trouver des mots nouveaux.

Écrire un mot au tableau. Expliquer aux élèves qu'ils doivent écrire, sous ce mot, un mot nouveau obtenu en changeant une lettre et une seule.

Exemple :

	S O N T	S O N T	S O N T	S O N T
nouv. mots :	S O R T	S O I T	S E N T	P O N T

Après quelques exemples, on demande aux élèves d'établir une liste, en colonne, où chaque mot est obtenu en changeant une lettre, et une seule – du mot précédent.

Exemple :

1 – S O N T
2 – S O R T
3 – S O R S
4 – S O U S
5 – S O I S
6 – P O I S

etc.

Ce jeu fournit l'occasion de rechercher des mots proches par la forme, puisqu'une seule lettre doit changer. L'emploi du dictionnaire français unilingue est recommandé surtout pour découvrir les mots nouveaux possibles et aussi leur sens : l'exemple donné dans le dictionnaire sera précieux. Ce jeu est surtout un exercice écrit puisqu'on part de la graphie des mots.

Commentaires

1 – Voir remarques précédentes, en ce qui concerne la compréhension et les phrases.

2 – On arrête le jeu quand un élève, ou une équipe, a trouvé 5 mots, 10 mots, etc. Ou bien on donne une limite de temps : 5 minutes, 6 minutes...

3 – Les élèves utilisent les dictionnaires français unilingues qui sont à leur disposition : à partir d'un jeu qui paraît ne s'intéresser qu'à la forme des mots, les élèves découvrent d'autres choses... surtout lorsqu'on en arrive aux phrases.

4 – Les élèves vont peut-être tous trouver des mots différents. Lors d'un deuxième jeu, on peut décider que l'on ne comptera que les mots qui ont été trouvés une seule fois, donc, par une seule personne.

Cette nouvelle contrainte affine l'esprit de stratégie des élèves. Par exemple, à partir du mot PISTE on peut trouver LISTE ou POSTE.

Les élèves – de 2e ou 3e année – s'apercevront rapidement que POSTE va donner facilement beaucoup d'autres mots, PORTE, FORTE, etc., mais que LISTE ne se laisse pas manipuler aussi facilement. Nota : On trouvera dans *Des jeux pour apprendre* (collection « Textes en français facile » - Éd. Hachette) une version simplifiée de ce jeu à partir du mot PISTE.

Pour chaque nouveau mot à trouver, une définition y est donnée pour guider les élèves. Il n'y a plus de choix, mais il y a tout de suite un exercice de compréhension.

5 – Inutile de dire que les mots longs ne se prêtent pas à ce jeu. Toutefois le professeur et les élèves (il faut les associer à cette recherche où ils contribuent à définir le jeu) trouveront vite des « mots de départ » de 3, 4 ou 5 lettres qui conviennent bien :
RUE, MOT, FIN, MUR; SONT, DANS, VERT; LISTE, FORME, etc.

JEU N° 3

Jeu de Kim.

Sur le tableau de feutre, par exemple, on pose 10 objets. Les élèves doivent en retrouver les noms soit oralement, soit par écrit; individuellement, ou par équipes.

Ce jeu peut se pratiquer avec des photos de revues, des dessins.

Il suffit de pouvoir les retourner facilement.

JEU N° 4

Devinettes, charades, rébus.

Ces jeux ne sont pas faciles et pourtant on en trouve souvent dans les journaux et magazines pour enfants.

a) *devinette :* Il est blanc - on le lance - il retombe jaune.

Réponse : un œuf.

b) *charade :* « Mon premier fait partie de la négation; mon deuxième est un rongeur; mon troisième est un verbe; et mon tout est un autre mot pour « ciel » : Qu'est-ce que c'est ?

Réponse : paradis (PAS-RAT-DIS).

L'orthographe ici est souvent malmenée. Le seul intérêt d'une charade est la combinaison de plusieurs définitions réunies en un tout. Cet exercice, s'il est fait oralement, présente moins de risques de confusion oral-écrit. On notera l'utilisation des formules « rituelles » : mon premier... mon deuxième, etc., et mon tout.

c) *rébus :* (faire prononcer le s final). Le rébus se fait sur le papier, puisqu'il contient aussi bien des dessins que des lettres. Chaque élément d'un rébus constitue une syllabe. Mais le rébus est plus ambitieux, il s'agit de reconstituer une phrase, souvent un proverbe.

Commentaires : A défaut de la devinette « classique » qui comporte souvent des jeux de mots et qui est donc difficile, on peut faire jouer à *« deviner un mot ou une chose ».* On choisit secrètement un mot (correspondant à un référent concret) et les élèves posent des questions :
– c'est une chose ?
– c'est un animal ?
– ça se mange ?
– il y en a un dans la classe ?
– vous en avez un à la maison ?
– ce mot a... lettres ? etc.
Les élèves mènent le jeu à tour de rôle. C'est essentiellement un jeu oral, puisqu'il demande des réponses immédiates, avec oui ou non; toutefois dans les classes d'élèves timides, on peut faire préparer quelques questions par écrit.

JEU N° 5

Jacques a dit.

Mentionnons pour mémoire le jeu très connu de « Jacques a dit » (« Simon says » ou « O'Grady says » dans sa version anglo-saxonne).

Professeur :	Actions :
– Jacques a dit : « Levez-vous. »	Les élèves se lèvent.
– Jacques a dit : « Asseyez-vous »	Les élèves s'assoient.
– « Levez-vous »	Les élèves ne doivent pas se lever : *ceux qui se lèvent sont éliminés,* car le professeur n'a pas dit « Jacques a dit », etc.

C'est un jeu oral, et parfois bruyant : on pensera aux collègues des classes voisines ! Il peut être utile pour les élèves de première année, lorsqu'ils ont besoin de se « détendre ». Il leur donne l'occasion d'utiliser quelques verbes d'action et un certain vocabulaire de mots concrets.

Voici quelques expressions utiles :
– « parlez à votre voisin » « taisez-vous »
– « ouvrez votre livre » « fermez la porte »
– « ouvrez votre livre de mathématiques » « fermez-le »
– « avancez d'un pas » « reculez »
– « prenez votre stylo » « posez-le », etc.
Et voici quelques expressions plus compliquées pour la compréhension mais plus « distrayantes », si on n'en abuse pas :
– « fermez l'œil gauche » « ouvrez-le »
– « mettez la main gauche sur le genou droit » « enlevez votre main »
– « levez le pied droit et la main gauche »
« reposez le pied », « baissez la main », etc.
Commentaires : pour éviter trop de bruit, on peut :
– soit réserver ce jeu à des activités de « club », de soirées, etc.;
– soit faire venir seulement 6 ou 10 élèves (c'est-à-dire 1 ou 2 par équipe, si on a des équipes formées dans la classe) au tableau.

Le meneur de jeu peut être choisi à tour de rôle parmi les gagnants.

JEU N° 6

Jeu du pendu.

Le jeu du pendu ne nécessite aucune préparation, c'est un jeu de « circonstance ».
A un moment donné de la classe, et pour une raison *x, y* ou *z*, les élèves cherchent un mot qu'ils ont oublié. On peut alors donner des suggestions comme : c . . . . . r (chanter)
(On n'est pas obligé de donner la première et la dernière lettre.) Il reste alors aux élèves à deviner les lettres qui manquent dans chaque case. Pour chaque erreur, le professeur, ou le meneur dessine au tableau le schéma d'un « pendu », par traits successifs :

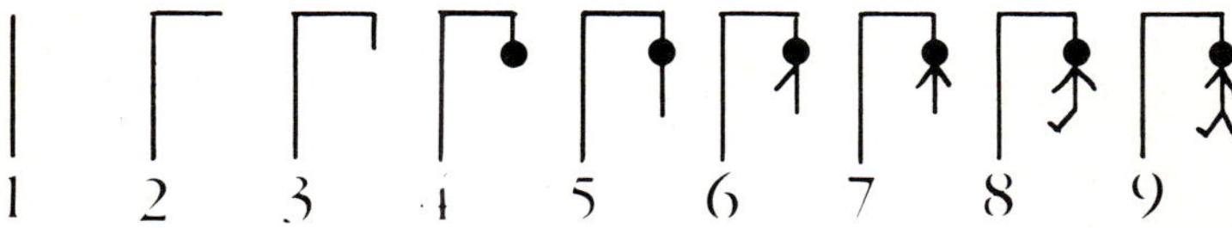

Rien n'empêche de faire trouver un mot nouveau si c'est l'occasion pour les élèves d'affiner leur sens linguistique, leur intuition.

JEU N° 7

Mots croisés partiels.

Encore un « jeu de circonstance » que l'on fabrique selon la nécessité du moment. Prenons un exemple :
Une classe de débutants a des difficultés avec le présent du verbe être, on veut faire un peu de révision sans lasser les uns (ceux qui savent, et qui apprennent vite) et en encourageant les autres (ceux qui ont des difficultés, qui ne sont pas très motivés, etc.).

On proposera la grille partielle suivante :

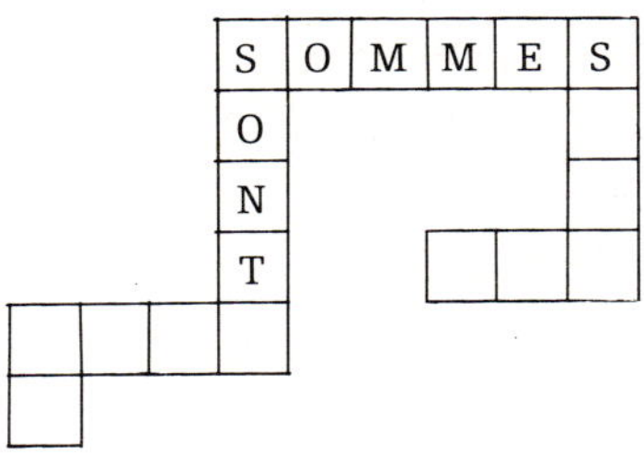

On donnera quelques explications, dans la langue maternelle si besoin.

On donnera au départ une lettre d'une des formes, s'il le faut. Ici « S ».

Selon les cas, le professeur encouragera certains élèves à utiliser leurs « notes » ou leurs livres (excellente occasion de comprendre que le livre est un outil de référence « qui aide », et non pas un objet de terreur... ou d'ennui !).

Toujours pour les six formes : « suis/sommes/es/êtes/est/sont », on aurait pu tout aussi bien proposer la grille suivante :

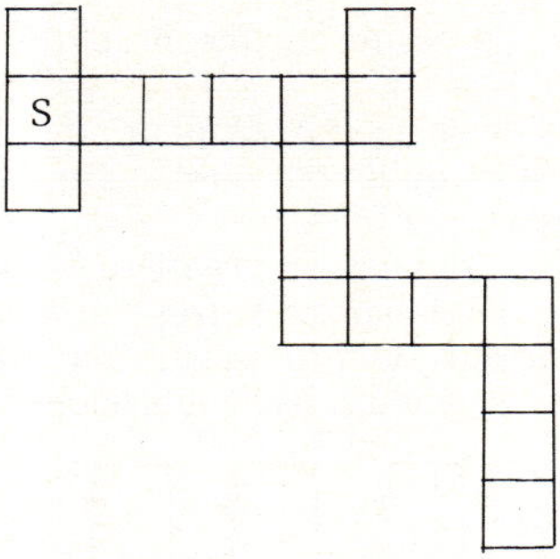

Ce qui est important, c'est de pouvoir agir vite devant un problème qui se pose aux élèves. Qu'importent les « belles grilles » ! En pratique il est toujours facile de fabriquer de tels mots croisés, puisque la grille n'a pas de forme fixe, et que le nombre des mots ou des formes sera (volontairement) limité.

En fabriquant, à la demande, ces mots croisés « partiels » et « multiformes », on peut faire du travail de revision sur : les parties du corps, les jours de la semaine, les verbes, les nombres.

Ce jeu, normalement, ne sera complet que si les mots sont réutilisés aussitôt dans les phrases[1].

JEU N° 8

Textes à trous.

Un texte est écrit au tableau : dialogue, chanson, dictée, etc., peu importe.

On efface alors des mots et on les fait retrouver, grâce au contexte, grâce à la mémoire – individuellement ou par équipe.

Exemple :
Pauvre Martin, pauvre ....
Creuse la terre, creuse le..
Sans laisser voir sur son ....
Ni l'air jaloux ni l'air..
etc.

Extrait de *Pauvre Martin* de G. Brassens.

Les textes à trous sont souvent utilisés comme tests dits de « cloze procedure » en anglais; ils permettent d'évaluer le degré de difficulté d'un texte. Ici il s'agit purement et simplement d'une revision, sous forme de jeu. Quels mots effacer ? C'est très variable, selon que le

1. Une source précieuse d'inspiration : J. FIOT : *Le français par les mots croisés*, « Textes en français facile », Hachette, Paris.

texte est assez connu des élèves, etc. Rapidement, mentionnons quelques possibilités; on peut effacer :
– un mot tous les 5 mots ou tous les 7 mots, systématiquement;
– un substantif sur deux ou tous les substantifs;
– tous les adjectifs ou tous les verbes, ou certains seulement;
– tous les mots grammaticaux (style télégramme);
– tous les mots acquis récemment par la classe, etc.
Bien entendu, on peut préparer d'avance des feuilles de textes à tous : avec un rétroprojecteur; elles resserviront ! Toutefois on y perdra en spontanéité.

Variante : la civilisation par la carte (de France, de Paris, etc.).

Ce jeu – ou « activity » comme on le décrirait peut-être plus justement en anglais – est un peu une application du texte à trous, mais cette fois en deux dimensions.

On prend une carte de France *muette,* avec seulement le contour avec ou sans les fleuves; on peut d'ailleurs faire établir plusieurs de ces cartes par les élèves[1] :

On indique sur la carte des emplacements qui pourront être des fentes dans le papier à dessin (papier assez fort) dans lesquelles on peut glisser une dizaine ou une douzaine de petits cartons sur lesquels sont inscrits des noms de villes :

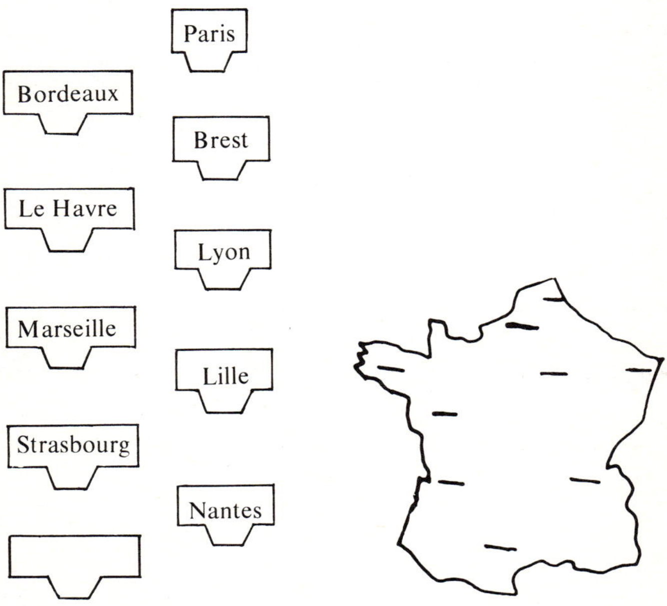

Il s'agit pour les élèves de placer les cartons aux bons endroits.

1. Voir dans *Le Français dans le Monde,* n° 118, pp. 29-30.

Le professeur donnera 1 point par carton bien placé et 1 point supplémentaire à chaque élève qui pourra faire une phrase après que chaque carton aura été mis en place, par exemple : – Paris est sur la Seine – Paris est la capitale de la France – Lille est au nord – Brest est un port, etc.

Les élèves auront reçu une carte muette. Le professeur les aidera avec quelques indications géographiques données sous forme de phrase :
– Il y a 1 000 km du nord au sud et de l'est à l'ouest.
– Il y a 1 000 km de Dunkerque à Perpignan et de Brest à Strasbourg, etc.

Ce jeu convient naturellement à des débutants auxquels il est utile d'inculquer quelques notions des réalités géographiques de notre pays.

On voit qu'il sera facile d'appliquer ce même jeu à Paris, avec une dizaine de monuments ou points de repère. Rien n'empêche non plus de le faire pour la France et les produits agricoles, ou la France et les grandes provinces, etc. Il en va de même pour la Belgique, le Canada, la Suisse, l'Afrique, etc.

JEU N° 9

Avec une feuille, des ciseaux, une enveloppe : construction ou reconstruction de phrases.

Description
Le professeur prépare à l'avance des enveloppes – une enveloppe pour deux ou trois élèves. On met dans chaque enveloppe des petits carrés ou rectangles de papier sur lesquels sont écrits des mots qui vont composer une phrase :
Fig. 1

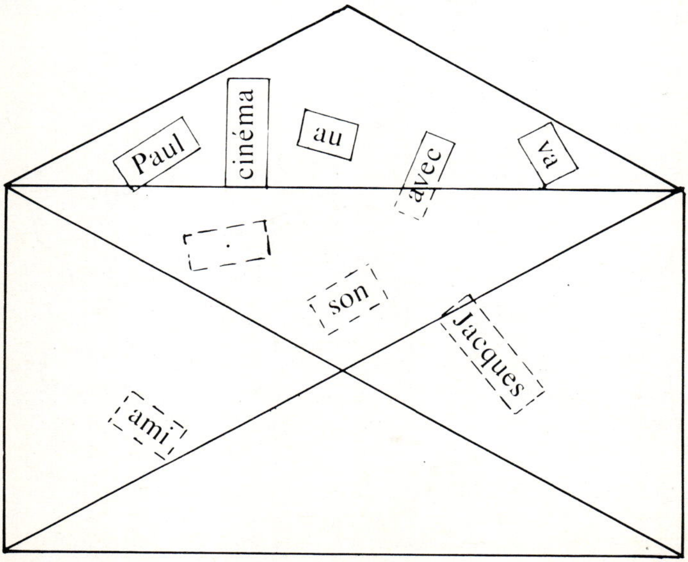

contenu d'une enveloppe : de six à douze mots;
ici : « Paul va au cinéma avec son ami Jacques. »

Dans une même classe, des groupes d'élèves pourront travailler sur des phrases différentes. Par exemple, pour 10 enveloppes (classe de 20 à 30 élèves), on prendra dix phrases différentes :
– ces phrases peuvent *exploiter une même leçon, un même thème;*
– elles peuvent se compléter pour former un paragraphe descriptif, paragraphe que la classe devra reconstituer lors de la correction collective;
– elles peuvent se correspondre deux à deux, par un jeu de questions et de réponses :

Fig. 2

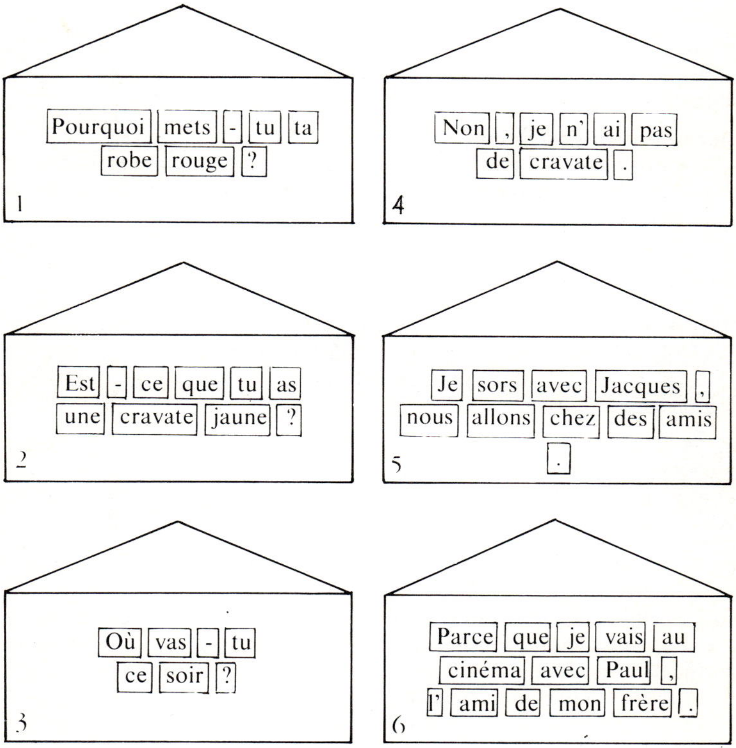

– les enveloppes sont numérotées, à l'extérieur, afin d'être facilement identifiables. Le professeur garde le « texte » de toutes les enveloppes sur une feuille séparée.
Dans l'exemple de la figure 2, qui s'inspire d'une leçon de *La France en Direct,* niveau 1, et qui l'exploite, les enveloppes forment des paires :

1 – 6
2 – 4
3 – 5

On trouve les mêmes phrases, ou des phrases analogues, dans les tables de structures du livre de l'élève. Or, beaucoup de méthodes des 10 dernières années contiennent des tables de structures (patterns, tables de substitution, etc.) : le travail de préparation du professeur se trouve donc facilité lorsqu'il veut faire ce type de jeu à l'occasion de tel ou tel chapitre.

Notes

1. Ne pas rester « prisonnier » de tables de structures. Il est bon de faire des mélanges, des rappels ou des innovations, selon les classes, le pays, le professeur, etc.

2. En ce qui concerne *De Vive Voix,* pour citer une méthode qui n'a pas les mêmes caractéristiques que *La France en Direct,* on peut trouver des phrases possibles dans « Le Livre du Maître des Exercices de Réemploi ».

3. D'une façon générale, on peut toujours reprendre « le texte de base » d'une leçon, quelle que soit la méthode.

Déroulements possibles

– On distribue les enveloppes aux élèves installés par groupes de 2 ou 3. Chaque groupe doit alors reconstituer la phrase contenue dans son enveloppe.

– Le professeur circule parmi les groupes et peut guider les uns ou les autres, ou répondre à des questions.

– Lorsqu'une phrase est reconstituée, il y a plusieurs possibilités :
A. *Écrire.* Soit le professeur demande au groupe concerné d'*écrire* la phrase et de passer à une nouvelle enveloppe;
B. *Lire.* Soit le professeur demande à un élève du groupe de *lire* à haute voix la phrase.

Dans le premier cas (Écrire), on peut décider de faire tourner les enveloppes toutes les deux minutes : on donne alors 1 point par équipe pour chaque phrase reconstituée, la correction ne se faisant qu'à la fin.

Dans le deuxième cas (Lire), plusieurs possibilités existent, selon le texte de départ (description, dialogue), etc. :

1. Le professeur, après avoir écouté les différentes phrases, demande à la classe de retrouver l'ordre logique du texte : il y a, d'une part, vérification de la compréhension et, d'autre part, discussion possible dans bien des cas. On notera qu'il est toujours loisible, et souhaitable, de procéder à cette remise en ordre du texte, même quand l'essentiel du travail s'est fait par écrit.

2. Le professeur demande, dans le cas d'une question : « Un groupe a-t-il trouvé une réponse possible à cette question ? » La réponse ou les réponses possibles sont alors lues et discutées; d'autres réponses sont inventées, etc.

3. Dans le cas d'une déclaration qui peut être, en fait, interprétée comme une réponse, on procède à l'exercice inverse : « Quelles questions peut-on poser, pour obtenir cette réponse ? » Prenons un exemple :

Je vais au cinéma avec Pierre	→

Où vas-tu ?
Qu'est-ce que tu fais, ce soir ?

| Non. | Je vais au cinéma avec Pierre. | → |

Tu ne sors pas avec Paul ?
Tu viens avec moi ?
Tu es libre, ce soir ?

| Parce que | Je vais au cinéma avec Pierre. | → |

Pourquoi mets-tu ta robe rouge ?

Il s'agit pour les élèves, non seulement de s'exprimer aussi correctement que possible, mais surtout d'apprécier des situations, de comprendre les implications de leurs paroles, à l'occasion, le cas échéant, d'une projection d'eux-mêmes, etc.

Remarques et variantes

Ce jeu peut se pratiquer à tous les niveaux et dès la première année. Le professeur peut mettre dans les enveloppes des éléments « étrangers » à la phrase qu'il veut faire assembler par les élèves (en anglais, des « distractors »; des « red herrings »).

Exemple :

| Je | cinéma | aller | au | va | Jacques |

| ce | vais | avec | soir | . |

Les éléments [aller] et [va] ne sont pas utilisables pour un élève de 1re année qui ne peut reconstituer que « Je vais au cinéma, etc. » Par contre, on remarque en passant, que, pour un élève de 3e année [aller] est un élément intégrable : « Je vais aller au cinéma, etc. »

Par la suite, lorsque les élèves connaissent bien les règles et les exploitations possibles, on peut donner :

1. Une enveloppe d'où l'on peut sortir plusieurs phrases différentes :

| vas | Paris | bien | tu | à | - | ? | où |

tu vas bien ?   tu vas à Paris ?
où vas-tu ?   tu vas bien à Paris ?*

* Attention : cette phrase n'est pas une phrase de débutant, elle signifie : « Tu vas bien à Paris, n'est-ce pas ? »

2. Une enveloppe « géante » pour exercer les très bons élèves avec 20 éléments ou 30 éléments. Pour une seule phrase cela devient très difficile. Ne pas en abuser; mais se laisser guider par le goût des élèves ou des groupes d'élèves.

Exemple :

Il	il	il	il	dit	dit	dit	dit

tête	cœur	aime	professeur

oui.	non	oui	non	avec	à	ce

qu'	il	avec	au	le	la	mais

En fait, il s'agit ici d'un texte littéraire très connu : « Toutefois, je ne dis absolument pas qu'il faille se mettre à découper toutes les fables de La Fontaine, toute l'œuvre de Jules Romains ou tout le théâtre de Ionesco en vue de créer la énième méthode-miracle-du-siècle ! »

A propos du découpage : On peut découper tous les mots et tous les « signes » :

hier	,	Jean	est	allé	au
cinéma	avec	son	frère	.	

découpage « fin » : 11 éléments

On peut associer les signes de ponctuation aux mots qu'ils suivent :

hier,	Jean	est	allé	au	cinéma	avec	son	frère.

découpage « fin », mais avec 2 indices : place de la virgule et du point final. 9 éléments.

Enfin, on peut découper par groupes de mots :

hier,	Jean est allé
au cinéma	avec son frère.

découpage « large » : 4 éléments seulement.

Tout dépendra des connaissances des élèves et de la longueur du texte ou des phrases sur lesquelles on travaille. Dans le cas d'un paragraphe complet, on fait un découpage « large » en indiquant le début et la fin du paragraphe.

Dans le cas de [Parce que], [Est-ce que], etc., et les mots composés, les élèves sont invités à réfléchir sur le découpage logique et sur le découpage formel. Sous prétexte de jeu, on ne doit pas oublier la réalité (linguistique). Le jeu dans la classe de langue doit normalement faire découvrir cette réalité linguistique, ou la renforcer.

Enfin, le but que l'on se fixe détermine en partie le découpage : on doit « isoler », et donc découper, les éléments sur lesquels on veut faire réfléchir les élèves, en particulier dans le cas des « distractors » qui représentent des pièges :

1. ... vais vas va ... pour un exercice de 1re année.

2. ... veniez venez venir ... dans un exercice sur le subjonctif.

Note. Les élèves apprendront vite à découper des phrases (travail à la maison) qu'ils se soumettront les uns aux autres. Au professeur de juger et de guider.

JEU N° 10

Jeu d'imagination

Mettre un nom sur une forme.
Voici un exemple :

1. le professeur dessine au tableau

2. puis s'arrête, et fait semblant de s'interroger...

3. enfin complète le dessin

4. tout en continuant de s'interroger, il hésite, il fait quelques pas dans la classe... fait semblant d'arriver à une porte... « Toc ! Toc ! – Qui est-ce ? » ou « Bonjour ! », etc. ; et on mime et on murmure du bout des lèvres un dialogue imaginaire.

L'exercice se déroule depuis deux minutes déjà et on a fait peu de choses sur le plan linguistique. Certes, mais sur le plan psychologique, on a sollicité l'imagination des élèves : je pense ici à des exemples précis de jeunes élèves débutants.

5. le professeur termine le dessin

6. Il peut alors poser sa craie, reculer et demander aux élèves : « Qu'est-ce que c'est ? » Si besoin est, il ajoute un point d'interrogation...

et repose la question : « Qu'est-ce que c'est ? »
Il va se produire diverses réactions, résumons-les :
1. Certains élèves vont dire à haute voix – ou en eux-mêmes –, dans leur langue maternelle (plus rarement en français. Qu'importe !) :
« c'est – un – carré (!) », avec, sur le visage, une expression de commisération pour ce professeur qui a dû se tromper de classe...

2. D'autres élèves vont voir le jeu tout de suite :
« c'est une fenêtre ! »
« c'est un cahier ! »
« c'est une maison ! » etc. ; *le jeu est parti.*
Il faut alors s'assurer, dans la langue maternelle si besoin, que *tous les élèves* ont bien compris :
a) c'est un jeu,
b) il n'y a pas « une » bonne réponse, mais de multiples bonnes réponses; en fait, « le plus grand nombre possible de réponses à trouver en quelques minutes », seul ou par équipe, par oral ou par écrit.

L'attention des élèves est constamment sollicitée par le dessin, puis par les questions que pose le professeur.

On peut encourager les plus « endormis » en laissant au tableau quelques suggestions :

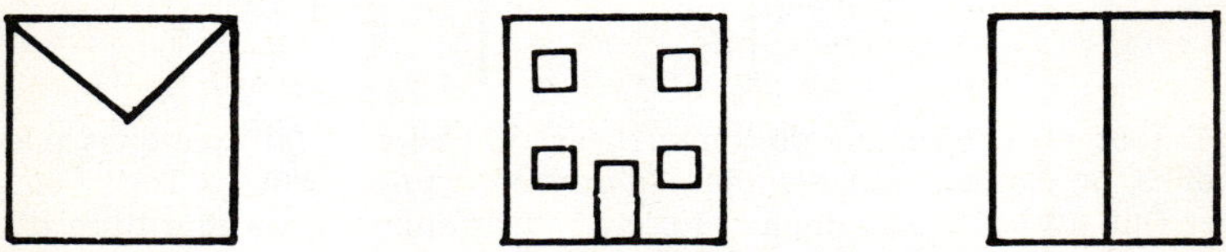

une e.......e une m....n un l...e (ouvert)
ou une f.....e (fermée !)

Remarque
Si on peut accepter... livre... timbre... maison... tableau... enveloppe... billet... montre... carte..., etc., on hésitera peut-être à accepter rhinocéros... éléphant... ou... voiture... et pourtant :

... tout dépendra du professeur, de sa relation avec la classe et de la façon dont « il joue le jeu » !

Variantes :
etc.

Encore une fois, pas tout le même jour ! et puis il est intéressant de laisser les élèves suggérer des variantes eux-mêmes, ce qui est valable pour beaucoup d'autres jeux *où la classe définit de nouvelles règles,* et relance ainsi des jeux déjà joués.

Note concernant l'utilisation des dictionnaires français-français. A l'occasion de beaucoup de jeux et de beaucoup de leçons, je recommande, à longueur d'année, d'utiliser des dictionnaires français-français, même et surtout pour les débutants. Attend-on qu'un enfant sache nager pour lui offrir une bouée ! Disons tout de suite qu'en ce qui concerne le dictionnaire de traduction, je le déconseille presque toujours, car il est le plus souvent très mal utilisé et apporte une fausse sécurité dangereuse, de plus il encourage la paresse. Je préfère prendre un très léger risque avec un dictionnaire unilingue.

Ici, on voit que l'élève qui s'aide d'un dictionnaire pourra non seulement consolider des connaissances antérieures (reconnaître ce qu'il sait), mais encore découvrir des mots nouveaux, à partir d'une forme, d'une image (dans le dictionnaire), d'une association d'idées, etc.

Exploration... explication : La prudence est, certes, nécessaire lorsqu'on laisse des élèves se lancer sur des mots « inconnus », mais elle ne doit pas décourager l'exploration libre et l'esprit d'aventure propre au goût et à l'imagination de chacun (... les motos... le football... la mode... les garçons..., etc.). Il s'agit de tenir un juste milieu. En tout cas, s'il y a des difficultés dans l'utilisation d'un dictionnaire français unilingue, il suffit presque toujours :

1. de s'assurer que les abréviations sont bien comprises : n.; adj.; adv.; f.; m.; etc., ainsi que les symboles phonétiques, selon les exercices;
2. de demander aux élèves de bien lire les définitions, et *les exemples,* avant de sauter sur une conclusion;
3. d'inviter les élèves à réfléchir (A-t-on bien interprété l'image ? Avait-on par inattention mélangé deux paragraphes, deux sens différents ? etc.);
4. de faire comprendre qu'un mot en entraîne un autre : en effet, pour comprendre un mot, il faut parfois en vérifier ou en chercher deux. *Pas de paresse.* On verra rapidement que cet effet « boule de neige » du dictionnaire unilingue améliore beaucoup la confiance et l'assurance des élèves... Puisqu'il faut commencer un jour, le plus tôt sera le mieux.

Pour les deux ou trois premières années de français.
S'il n'est pas nécessaire d'avoir un dictionnaire par élève (un dictionnaire pour deux suffit largement au début), il est cependant utile d'avoir plusieurs dictionnaires différents, que l'on peut faire circuler, pour permettre des vérifications, des confirmations, l'accès à de nouvelles images et illustrations, etc. Citons, parmi les dictionnaires utiles, dès le début de l'apprentissage :
Dictionnaire du français facile (300 mots) de Verdol (Hachette).
Premier dictionnaire en images (1 500 mots) de Fourré (Didier).
Dictionnaire fondamental (3 500 mots) de Gougenheim (Didier).
D'une pierre deux coups... Nombreux sont les professeurs qui n'ont jamais eu l'occasion d'utiliser de dictionnaires français unilingues avec des élèves débutants. Je conseille, sans hésitation, à ces collègues d'en faire l'essai... à l'occasion d'un JEU tel que celui décrit au n° 1.

Pour les étudiants avancés.
Bien entendu, dès la 3e ou 4e année de français on peut adjoindre au *Dictionnaire fondamental* de Gougenheim :
1. le *Micro Robert* ou le *Petit Robert,*
2. le *Petit Larousse,* particulièrement pour sa partie civilisation,
3. et surtout le *Dictionnaire du français contemporain* (Larousse) dit « D.F.C. » puisqu'il comporte, soit en livret séparé, soit incorporé au livre lui-même (à partir de l'édition 1975), une série d'exercices très utiles pour les élèves des grandes classes du secondaire ou les étudiants du supérieur.

JEU N° 11 — application de la dynamique des groupes :

Projection des élèves, grâce à des mots clefs.
Je voudrais citer, en dernier, un jeu encore assez peu utilisé par les professeurs de langues. Il me paraît cependant intéressant à un moment où nous cherchons souvent à réagir contre les méfaits de certaines méthodes contraignantes qui, sous prétexte de donner la priorité à l'oral, ont fait parler les élèves... pour ne rien dire, et les ont, de ce fait, réduits au silence.

Je dois ce jeu à Marie-Joëlle Dardelin, psychologue scolaire, attachée à la Direction générale de l'Enseignement catholique de Nouvelle-Calédonie, coauteur de *La liberté d'apprendre,* Éd. Ouvrières, 1967, et auteur de *La liberté de croire,* Éd. Ouvrières, 1969.

Depuis la première démonstration de ce jeu, par Mlle Dardelin, à Nouméa (en janvier 1975), à des professeurs australiens et néo-zélandais, plusieurs enseignants de français du Queensland ont eu l'occasion de l'essayer et m'ont confirmé l'intérêt qu'il présentait pour les élèves des grandes classes (2e cycle du secondaire).

Description : on prépare à l'avance, sur des morceaux de papier, des séries de mots, de telle façon :
1. que les mots soient lisibles à une certaine distance (lorsqu'on les collera sur un mur);

2. que chaque série ait un mot de plus que la précédente.

Voici de telles séries :

MOI — AUTRE

BLEU — ROUGE — JAUNE

TERRE — EAU — FEU — AIR

FIL — LAINE — LIN — COTON — SOIE

PÈRE — MÈRE — FILS — FILLE — HOMME — FEMME

Puis on colle, sur les murs de la salle où aura lieu le jeu, les papiers, de la façon suivante :

D'abord MOI et AUTRE sur des murs opposés, puis sur « moi » on colle « bleu », sur « autre » on colle « rouge », et on commence une nouvelle « couche », sur un troisième mur, avec « jaune » (ou), s'il le faut, sur le même mur que « moi » ou « autre », (mais à l'écart) :

Ensuite, on recouvre « bleu », « jaune » « rouge » avec la série « terre », « eau », « feu » et on fait commencer sur le quatrième mur (ou légèrement à l'écart) une nouvelle « couche » avec « air ».

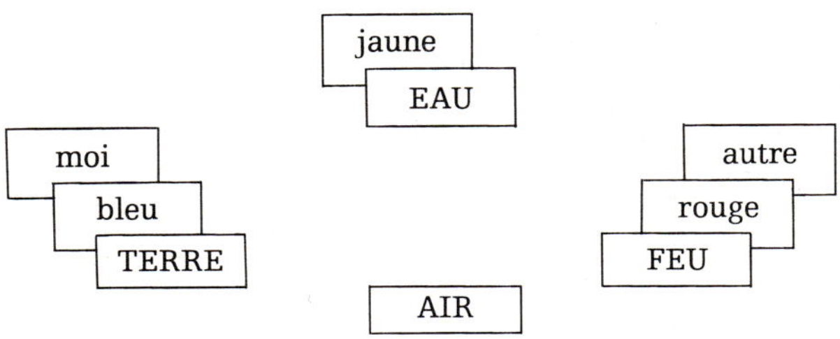

Ainsi de suite, on recouvre la série « terre », « eau », « feu », « air », avec la série suivante, en mettant, à part, à chaque fois, le mot en trop.

Remarques
1. La séquence « Moi - bleu - terre » est purement fortuite, on aurait tout aussi bien pu avoir « Moi - jaune - feu » ou « Moi - jaune - air », etc.

2. Pour coller les morceaux de papier les uns sur les autres, le plus simple est d'utiliser le papier collant, puisqu'on est appelé à enlever les morceaux de papier les uns après les autres, au cours du jeu.

Lorsque l'on a fini le collage sur les murs, on a donc 6 mots qui apparaissent : « père », « mère », « fils », « fille », « homme », « femme », en des points différents de la salle où va se dérouler le jeu.

Ces 6 mots en cachent 5 qui, à leur tour, en cachent 4, etc.

Déroulement
1. Le professeur, ou le meneur, fait entrer les élèves dans la classe (de 15 à 20 élèves), et les invite à circuler de façon à lire les 6 mots qui sont sur les murs.
2. Les élèves choisissent un mot qui les frappe, ou qui leur dit quelque chose, et s'arrêtent devant le mot qu'ils ont choisi.
3. On peut à ce moment-là inviter les groupes ainsi formés à « discuter » devant le mot choisi; chacun explique aux autres membres du groupe les raisons de son choix.
Par exemple :
– j'ai choisi « mère », parce que j'aime ma mère;
– j'ai choisi « mère », parce que je n'ai plus de père; ou plus de mère;
– j'ai choisi « mère », parce que je veux avoir des enfants, etc.
On entendra souvent aussi des raisons du genre :

– « j'ai choisi ce mot parce que je me trouvais devant »;
– « j'ai choisi ce mot parce que personne ne l'avait choisi »;
– « j'ai choisi ce mot parce que Un tel l'avait choisi », etc.
N. B. Tout est bon, il n'y a pas de règles « dites ou ne dites pas »; tout est possible, l'essentiel étant que les élèves s'expriment en perdant peu à peu leur réserve ou leur timidité. Le professeur doit exercer son tact et ne pas interrompre à chaque instant. On pourra toujours donner des explications plus tard.

4. Quand les conversations à l'intérieur de chaque groupe sont terminées (2 à 3 minutes), le professeur peut inviter chacun à réexpliquer tout haut – pour toute la classe – les raisons de son choix, ou bien le professeur peut seulement demander à un membre de chaque groupe de « rapporter » ce qui a été dit.

5. On retire les papiers « père », « mère », « fils », « fille », « homme », « femme », et on fait donc apparaître (en dessous) la série « fil », « laine », « lin », « coton », « soie ». Et on recommence jusqu'aux deux derniers mots.

Remarques

1. Il y a d'autres séries possibles que celles citées plus haut – on pourrait prendre les paysages :
« montagne », « lac », « rivière », « colline », « prairie », etc.,
ou les vêtements (et non pas les tissus) :
« manteau », « chaussure », « pantalon », « chapeau », etc.,
ou les types d'habitation, les moyens de transport, les sports, les meubles d'une maison, les genres littéraires, etc.
2. Il faut surtout noter que les séries vont en diminuant, et qu'il est bon de terminer avec une série à deux pôles bien opposés :

moi	autre
oui	non
vie	mort
homme	femme, etc.

Le fait que les séries vont en diminuant assure un meilleur « brassage » des participants, qui sont ainsi amenés à choisir des mots dans une liste de plus en plus restreinte.

Imaginons une classe de 18 élèves commençant avec 6 mots au premier tour. Ils pourront former :
6 groupes de 3 (1 groupe sous chaque mot).
ou 4 groupes de 4 + 1 groupe de 2 (1 mot n'aura été choisi par personne), etc.

Quoi qu'il en soit, en arrivant à la fin du jeu, les élèves, devant les derniers mots, formeront deux groupes : un de 12 et un de 6; ou un de 10 et un de 8; ou n'importe quelle autre combinaison possible – et pourquoi pas 16 et 2 et 17 et 1, selon les classes et les mots choisis !

Ils auront donc au cours des différents tours procédé à des regroupements multiples et parfois inattendus (pour le professeur) :

Trois élèves qui se regrouperont ensemble pour choisir « feu » se sépareront le tour d'après pour choisir chacun une couleur différente.

Je crois qu'il n'est pas besoin d'insister pour montrer l'intérêt psychologique de ce jeu et je souhaite qu'il rende service à de nombreux professeurs... et à leurs élèves.

D. V.

IV. Du mime au drame

DÉFINITIONS ET FONDEMENTS THÉORIQUES

Nous traiterons ici de jeux apparentés au théâtre, c'est-à-dire à l'animation de scènes avec des personnages en interaction verbale et non verbale, quel que soit le degré de structuration ou au contraire de spontanéité du jeu (règles, textes, canevas, scénarios, attribution de rôles, consignes ou mise en scène plus ou moins préétablis) ou l'implication personnelle des participants dans les scènes qu'ils jouent (identité, projection ou distanciation). Il s'agit dans tous ces jeux par l'élève de **jouer à être quelqu'un** y compris soi-même, et non pas de jouer à quelque chose (au ballon, cartes, devinettes).

Nous passerons en revue la gamme de ces jeux, en donnant un certain nombre d'exemples ainsi que des indications sur leur fonction et leur utilisation dans la classe de langue; auparavant nous proposerons quelques définitions, même si de la dramatisation au psychodrame, en passant par les études de cas et les jeux de rôles, il n'est pas toujours aisé d'établir des frontières nettes.

Nous appelons **dramatisation** toute interprétation, jouée par les élèves, d'un dialogue de leur méthode, que cette interprétation soit fidèle au texte ou qu'elle comporte des variantes et des éléments d'improvisation, allant jusqu'à une transposition très souple assez éloignée du texte initial (très proche du jeu de rôles); sera également considérée comme dramatisation la mise en scène avec personnages d'un récit ou d'un conte, visant soit à en reconstituer fidèlement les éléments dramatiques (« le roi se mit en colère » devient l'occasion pour un élève de jouer le rôle d'un roi en colère; des enfants jouent le Petit Chaperon Rouge, l'un faisant le loup, l'autre la petite fille, l'autre la grand-mère, etc.), soit à en transposer avec davantage d'improvisation et de liberté certains thèmes (un déjeuner de famille à Noël devient un goûter sur l'herbe entre amis pendant une promenade à la campagne). Jouer la fin d'une histoire (Cendrillon mariée deux ans après) ou la modification d'une histoire (le loup gentil et la grand-mère méchante) sont également de la dramatisation. Avec le **mimodrame**, nous entrons dans le domaine du geste. Le jeune enfant et l'étranger se font souvent comprendre par gestes et mimiques, sans passer par la parole, par le verbal. C'est dire le rôle que peut jouer le non-verbal dans la communication! Les jeux proposés dans cette section ont pour fonction de faire retrouver ce sens du geste à des adolescents ou des adultes longtemps conditionnés par un enseignement purement verbal, étranger au corps. Ils s'inspirent largement de techniques d'expression corporelle utilisées aujourd'hui dans la formation des acteurs.

Nous appelons ici **simulation,** dans la perspective de la classe de langue, la reproduction simulée, fictive et jouée d'échanges interpersonnels organisés autour d'une situation problème : cas à étudier, problème à résoudre, décision à prendre, projet à discuter, conflit à arbitrer, litige, dispute, débat, situation de conseil.

La simulation obéit à un canevas relativement précis et réglé à l'avance, même si les participants doivent y faire preuve d'initiative et si la ou les solutions apportées au problème dépendent d'eux.

Les cas ou la situation qui servent de support à la simulation sont documentés par un matériel d'appoint : description de la situation, données précises, documents. Dans certaines formes de jeux de simulation utilisées notamment par l'entreprise et l'industrie pour la formation des cadres[1], cet appareil peut être très élaboré et complexe (statistiques, traitement de l'information, calculateurs, etc.); l'étude des données et leur modification, prévisible ou simulée, du fait des décisions prises par les individus, les sous-groupes ou le groupe tout entier, impliquent souvent l'utilisation d'une technologie complexe (informatique, ordinateurs), cette utilisation étant elle-même non seulement un moyen mais un élément de la simulation : les décideurs en effet seront amenés dans la réalité à utiliser cette technologie.

Notons également que, dans les jeux d'entreprise, le but du jeu n'est pas le développement de l'expression ni la prise de conscience de comportements humains verbalisés (dimension psychologique ou psychosociologique), mais de **gagner**, comme dans des jeux de société tels que le Monopoly. On peut même dire qu'**apprendre à gagner** est un des objectifs pédagogiques principaux de ce type de jeux qui sont en fait des jeux **stratégiques** analogues aux simulations étudiées dans les états-majors militaires. Cela a d'ailleurs un rapport étroit avec l'idéologie ou les idéologies sous-jacentes de la pédagogie des jeux[2].

En raison de ces caractéristiques spécifiques des jeux d'entreprise, coût, technicité, stratégie, nous écartons pour l'instant toute idée d'utiliser directement ces modèles de jeux pour des applications à la classe de langue. Tout au plus, à des fins de motivation ludique, ou pour renforcer cette motivation, peut-on concevoir que certains jeux de simulation, allant plutôt du côté de la méthode des cas, comportent des enjeux, des gagnants et des perdants. Par exemple, dans une simulation qui implique le choix entre des propositions différentes, on peut prévoir que les prises de décision simulées terminant le jeu soient valorisées par une procédure quelconque de gains ou de victoires : cela serait possible avec la simulation détaillée qui est proposée à la fin de cette étude.

Il existe d'autres types de simulation, moins techniques et plus centrés sur le comportement humain, mais qui répondent à la définition

1. A. Kaufmann, R. Faure et A. Le Garff. *Les jeux d'entreprise,* P. U. F., Coll. Que sais-je? n° 892, Paris, 1969.
2. Pour une critique idéologique des jeux, *cf.* Préteceille, *Jeux, modèles et simulations, critique des jeux urbains,* Paris, La Haye, Mouton, 1974.

que nous avons donnée ci-dessus de traitement d'une situation problème et d'étude de cas. Ces simulations portent sur des problèmes de décisions à prendre, de difficultés à résoudre ou de conflits à arbitrer, à partir de situations documentées de façon détaillée; les participants y jouent des rôles sociaux convenus à l'avance, mais y prennent des initiatives plus personnalisées que dans les jeux d'entreprise où l'utilisation froide et conforme à des règles stratégiques des données est plus déterminante.

Les **études de cas** et les jeux de rôles professionnels ou sociaux donnent au langage une fonction moins strictement référentielle et opératoire, dans la mesure où ils introduisent des types de discours plus variés, rationalisé ou affectif, argumentatif ou persuasif, passionné ou critique, etc., dans des situations d'échanges d'opinion et de confrontation de points de vue. Ces simulations engagent davantage la personnalité des participants et sont donc plus impliquantes. Pour cette raison, nous estimons que leur utilisation pour la classe de langue est particulièrement intéressante.

Les deux types de simulations que nous venons d'évoquer ont cependant en commun, dans l'hypothèse d'une utilisation avec des étudiants en langue étrangère, d'être sans rapport direct avec leur objectif de formation qui est de faire des progrès en langue et non de s'entraîner à l'analyse, à la discussion et à la résolution de problème ou de cas. Cette différence d'objectif, ou, si l'on préfère, ce caractère de simulation au deuxième degré, les étudiants de français faisant **comme si** ils se trouvaient devant un cas réel, ne nous semble pas une contre-indication à l'utilisation de simulations dans la classe, ni leur donner un caractère d'irréalité contradictoire avec le désir de placer les échanges dans une situation se rapprochant du réel. En fait, le choix de cas non techniques de confrontation d'intérêts et de problèmes humains documentés par des éléments situationnels et des documents linguistiques facilite la prise de rôle et encourage l'expression.

Le cas peut se présenter, cependant, de simulations concernant l'étudiant au premier degré, lorsque l'on peut imaginer et reconstituer des situations de communication dans lesquelles se trouvera réellement l'étudiant. Ces simulations sont possibles dans les enseignements fonctionnels ou professionnels de langues étrangères. Prenons le cas d'un travailleur migrant ou d'un chercheur qui désire participer à un colloque tenu en langue étrangère. Pour le migrant il est assez facile d'imaginer des situations réelles de communication en français où la connaissance et l'utilisation du français répondent à un besoin immédiat : demande de renseignements, entretien d'embauche, discussion d'une fiche de paie, demande à un guichet de poste de virement à l'étranger, discussion avec un instituteur au sujet de problèmes de scolarité de ses enfants, etc., simulations qui ont toutes pour objet non pas de lui enseigner à dire ce qu'il devrait dire mais de l'aider à dire ce qu'il veut dire dans ces cas-là. De même une simulation de situation de colloque peut préparer un chercheur à l'échange de points de vue et aux techniques de débat.
Nous appelons ici **jeux de rôles**[1], l'animation par deux ou trois étu-

1. Il y a très peu d'articles sur les jeux de rôles et la pédagogie des langues vivantes; une exception : William T. LITTLEWOOD, *Role, Performance and Language Teaching,* in « IRAL », XIII/3, août 1975, Heidelberg.

diants de scènes ou de personnages plus spontanés, plus fantaisistes, éventuellement plus caricaturaux que dans les simulations proprement dites, sans canevas ni scénario prédéterminés, sans documentation ni préparation particulière autre que le cours de langue lui-même, sans consignes autres que l'indispensable nécessaire pour le point de départ; en voici quelques exemples au hasard :
– un touriste demande un renseignement à un agent,
– Mme X téléphone à un responsable du programme de télévision pour se plaindre qu'on ne présente pas assez d'émissions sur les chats,
– M. Z téléphone au contraire pour protester contre le fait qu'il y a trop d'émissions sur les chats,
– Pierre et Marie se disputent parce que l'un veut passer les vacances à la mer, l'autre à la montagne,
– Barnabé demande une augmentation à son patron,
– M. Z essaie de dissuader un commando politique de faire sauter l'avion où il est pris comme otage,
– un jeune homme aborde une jeune fille dans la rue,
– un garçon explique à ses parents pourquoi il ne veut plus continuer ses études, etc.

Dans ces jeux de rôles, les étudiants sont amenés selon leur tempérament soit à se comporter comme les simples acteurs de personnages fictifs de composition, soit à se projeter avec leur personnalité dans des scènes fabulées qui pourraient friser le psychodrame. On peut dire que plus les consignes de composition, les indications du scénario et les règles de simulation sont définies, moins les participants risquent de s'identifier avec les rôles, généralement techniques et socio-professionnels qu'ils jouent. Certaines simulations jouées, jeux d'entreprise ou jeux « urbains », sont utilisées dans les pays socialistes avec des étudiants en sciences politiques pour leur faire comprendre les mécanismes des sociétés capitalistes; il est peu probable que ces étudiants s'identifient par projection aux personnages (statuts, rôles et types de personnalités) dont ils ont à imiter les réactions et les prises de décision.

En revanche, plus les scènes jouées vont vers le théâtre de la spontanéité, plus l'implication des étudiants peut être naturellement sollicitée, ce qui a l'avantage pédagogique de susciter des besoins expressifs réels non plus imités mais personnels; c'est d'ailleurs l'itinéraire parcouru par Moreno dans l'élaboration du psychodrame[1], qu'il faut maintenant évoquer. Qui dit « jeu de rôles » en effet dit **jeu** et **rôles** et, pourquoi pas, par assonance, « jeux drôles », qui dit **psychodrame** dit **psycho**, c'est-à-dire révélation et analyse d'un inconscient plus ou moins névrotique, et **drame**, c'est-à-dire difficultés de la personne, fantasmes douloureux remontant le plus souvent à l'enfance. Cependant la frontière entre jeux de rôles et psychodrame n'est pas toujours nette, et le passage des uns à l'autre peut se faire dans un groupe sans qu'on l'ait prévu du fait du thème choisi et de ses résonances dans la personnalité intime de certains participants. Les jeux de rôles non psychodramatiques sont d'ailleurs eux-mêmes

1. G. et P. LEMOINE, *Le psychodrame*, Paris, Laffont, 1972.

utilisés par les psychologues pour aider des personnes à révéler leurs comportements sociaux et à en prendre conscience.

Dans le cadre de la classe de langue où les buts sont tout autres, il y a donc quelques précautions à prendre que l'on peut évoquer rapidement :
– d'une manière générale, on évitera dans le groupe classe toute animation de scènes qui ressemblerait de près ou de loin à du psychodrame, cette technique étant réservée aux psychologues et aux analystes ;
– on mesurera dans le groupe classe l'implication éventuelle que peut susciter chez les participants un thème quelconque, même le plus anodin; avec les enfants, les dramatisations de contes où figurent l'ogre, le loup, la grand-mère, la marâtre, le père injuste, les sœurs rivales peuvent dans certains cas, heureusement exceptionnels, être les déclencheurs de souvenirs traumatisants : il faudra dans ce cas être attentif au jeu et déceler, afin de pouvoir l'interrompre, ce qui pourrait apparaître comme un glissement de la dramatisation réussie à une fabulation fantasmatique plus inquiétante. De même, avec des adultes, on réservera à des discussions ou à des débats des thèmes trop impliquants; on évitera par exemple de faire jouer des jeux de rôles sur le racisme à des étudiants personnellement concernés par ce problème et se trouvant dans une même classe.

Cela dit, l'emploi d'une langue étrangère dans les jeux de rôle comporte un élément de distanciation que n'a pas la langue maternelle et peut minimiser les bavures psychodramatiques.

En outre, il peut arriver que des rôles très différents du rôle social des étudiants soient plus faciles à jouer que des rôles dans lesquels ils s'identifieraient, parce qu'ils jugent plus facile de jouer avec des moyens limités des rôles caricaturaux (un bandit, un agent de police, un président de la République) que des rôles plus proches d'eux où ils vivraient péniblement l'écart entre leurs besoins et leurs moyens expressifs.

Il convient enfin de signaler des exercices préparatoires aux jeux de rôles mais fortement précontraints linguistiquement, que nous avons appelé simulations dans un article précédent[1], mais que nous préférons considérer aujourd'hui comme des exercices structurés préparatoires aux jeux de rôles. Ces exercices, ou *jeux de rôles précontraints,* mettent en relation une situation et l'emploi privilégié de certaines formes structurales.

Prenons l'exemple de l'emploi du conditionnel dans des phrases commençant par « tu devrais, tu aurais pu, tu n'aurais pas dû », etc.

Un jeu de rôles précontraint consiste à imaginer par exemple une situation de reproche dans lequel un personnage se plaint à l'autre : un couple où la femme a été longtemps absente et rentre chez elle, trouvant l'appartement dans un état lamentable de saleté et de désordre : la vaisselle n'est pas faite, les lits non plus, l'électricité

1. F. Debyser : « Simulation et réalité dans l'enseignement des langues vivantes », *Le Français dans le Monde,* n°s 104 et 106. Publié également dans la brochure *Nouvelles Orientations en didactique du français langue étrangère,* Paris, B. E. L. C., 1974.

et le téléphone sont coupés parce que le mari n'a pas payé les quittances, les cendriers sont pleins de mégots, la cuisine de bouteilles, la baignoire d'eau sale. Ce point de départ situationnel est l'occasion d'un jeu de rôles où une étudiante joue l'épouse faisant des reproches à son mari sur le thème « tu aurais quand même pu
- faire ton lit,
- vider les cendriers,
- nettoyer la baignoire,
- payer l'électricité », etc.

Cette technique assez fortement structurale est recommandée en langue étrangère avant de passer à des jeux de rôles plus spontanés, car elle place dans la situation des éléments structuraux réutilisables dans des scènes plus libres donnant déjà l'occasion de jouer des scènes vivantes avec une certaine possibilité d'improvisation.

JEUX DE RÔLES OU SIMULATIONS ?

L'enseignement des langues met de plus en plus l'accent sur la *compétence de communication,* l'objectif étant d'être capable de communiquer et non pas seulement de connaître les structures ou la grammaire d'une langue.

Dans cette perspective, les jeux de rôles et les simulations apparaissent comme des techniques pédagogiques particulièrement adaptées pour faire expérimenter à l'apprenant des situations de communication où les *actes de parole* (ce que l'on fait quand on parle, par exemple se présenter, permettre, refuser, se plaindre) et les *fonctions discursives* (par exemple l'enchaînement des énoncés dans une argumentation) sont mieux « mis en scène » que dans des exercices formels ou dans la répétition et l'explication d'un dialogue.

Il y a cependant, en ce qui concerne l'utilisation de jeux dramatiques avec des débutants, des divergences quant à la priorité à accorder aux jeux de rôles ou aux simulations.

Pour certains, la simulation, plus contrainte et plus prévisible dans son déroulement, est plus aisée à jouer; elle permet davantage le réemploi des formes et de phrases apprises à l'avance; elle ne met pas le débutant en langue étrangère dans l'embarras de vivre péniblement le paradoxe du comédien (est-il lui-même ou un autre?) avec des moyens linguistiques très limités. Elle permet également aux méthodologues de préparer des simulations ponctuelles mettant en œuvre tel ou tel acte de parole (par exemple, téléphoner à une agence de voyage pour demander les horaires d'avions de Paris à Montréal). La simulation, plus facile à programmer et à mettre en relation directe avec l'acquisition méthodique de formes grammaticales, de constructions et de vocabulaire, c'est-à-dire des moyens linguistiques nécessaires pour la production d'actes de paroles déterminés dans une situation bien définie, est plus sécurisante que le jeu de rôles pour l'enseignant comme pour l'apprenant. Elle permet également à l'apprenant d'essayer de se rapprocher consciemment d'un modèle au lieu d'en être réduit à improviser dans une situation de communication plus « sauvage » comme dans les jeux de rôles.

Sans récuser cette option de prudence que peuvent préférer certains méthodologues, nous estimons cependant souhaitable d'introduire très tôt les jeux de rôles, en alternance avec des simulations, pour les raisons suivantes :

– Nous ne disposons pas et nous ne sommes pas prêts de disposer de la « grammaire de communication » qui permettrait d'ordonner et de programmer de façon satisfaisante l'acquisition de la compétence de communication définie comme objectif de l'enseignement.

– On risque d'atomiser artificiellement la communication en très courtes séquences ou situations simulables pour des objectifs très précis : Monsieur X doit téléphoner en français à Monsieur Y ou à sa secrétaire pour lui demander de déplacer l'heure d'un rendez-vous d'affaires.

– Les recherches sur la communication ont amené à distinguer ce que les linguistes appellent la valeur perlocutive d'un acte de parole (ce que l'on fait quand on parle) et l'intention perlocutive (ce que l'on cherche à faire : on cherche, en parlant, à plaire à autrui, à le convaincre, à le faire agir); malheureusement cette distinction, claire dans l'abstrait n'est applicable qu'à des transactions langagières très élémentaires et purement fonctionnelles; dès que la situation est un peu complexe, – et la quasi-totalité des situations de communication sont complexes –, tout est amalgamé. Prenons le cas d'un client de mauvaise humeur qui fait un scandale au restaurant, parce que l'addition est trop élevée, parce que le repas était mauvais ou parce qu'on l'a fait attendre trop longtemps. Il est évident que cette situation pour stéréotypée qu'elle soit est déjà trop complexe pour que l'on puisse l'analyser d'après les critères naïfs de l'analyse des actes de paroles qui présupposent que l'on sait à qui s'adresse le locuteur et ce qu'il fait en parlant. A qui s'adresse en effet ce mauvais coucheur, au garçon, au maître d'hôtel, à l'établissement, ou encore à la galerie, c'est-à-dire aux autres clients pour les prendre à témoin? Que fait-il? il se plaint, il défoule sa mauvaise humeur, il proteste? Que veut-il? des excuses, une réduction, faire du tort au restaurant, se venger par un éclat ou montrer à un ami qu'il ne se laisse pas prendre pour un imbécile?

Il est probable que tout cela n'est clair pour personne, pas même pour le client en colère et que les actes de parole et les intentions perlocutives sont inextricablement amalgamés dans son discours. Il n'en reste pas moins que l'on peut considérer comme un objectif pleinement légitime pour un étranger d'arriver à un niveau de compétence communicative suffisante pour lui permettre de protester quand on le vole ou quand il estime être victime d'un tort ou d'une injustice. L'exercice qui se prêtera le mieux à cette mobilisation des moyens expressifs sera alors non plus la simulation mais le jeu de rôles. Le jeu de rôles, même avec des moyens limités, permet en effet un comportement verbal, qui intègre l'affectif et le rationnel, le verbal et le gestuel, la phonétique et la mimique. Il est de ce fait plus riche et plus complet que les stimulations pour débutants qui isolent comme au laboratoire des réactions linguistiques et des comportements de communication élémentaires.

Rien n'empêche par ailleurs de préparer un jeu de rôles par des simulations plus analytiques portant sur des actes de parole plus faciles à isoler et réutilisables ensuite dans le jeu de rôles.

F. D.

DRAMATISATION

Nous ne faisons que reprendre ici certaines indications déjà données dans la plupart des méthodes, en en montrant cependant les limites, parfois les contradictions. C'est surtout dans les deux dernières parties que l'utilisateur de méthodes pourra trouver quelques propositions complémentaires.

Dramatisation répétitive

Il s'agit de jouer *un rôle imposé* : celui du personnage de méthode, sur un *texte modèle* : le dialogue de présentation. A ce stade, les auteurs de manuels précisent bien qu'il faudrait laisser à l'élève la liberté de modifier le rôle qui lui est confié en lui donnant par exemple la possibilité de changer les répliques, d'inventer de nouvelles formulations pourvu que la situation de départ n'en soit pas altérée. Mais trop souvent, conditionné par l'image, l'élève ne voit dans cette phase de la leçon qu'un pur exercice de mémorisation.

On peut aussi, dans le cadre du rôle imposé sur un texte modèle, faire dramatiser de courtes saynètes, des extraits de pièces de théâtre. La littérature nous fournira là de nombreux exemples, utilisables même avec des débutants. Ces courts extraits pourraient venir en complément de dialogues de méthodes, de leçons de grammaire ou illustrer par exemple des actes de parole.

Exemple : COURTELINE

Le questionnement
VALENTINE, *(surprise)*. — Qu'est-ce que c'est que ça?
TRIELLE. — Ton argent.
VALENTINE. — Quel argent?
TRIELLE. — L'argent pour le mois.
VALENTINE. — Il n'y a pas le compte.
TRIELLE. — Comment, pas le compte?
VALENTINE. — Non.
TRIELLE. — Si.
VALENTINE. — Non. Est-ce que tu deviens imbécile? De huit cents francs, ôtez six cent cinquante?
TRIELLE. — Reste cent cinquante francs.
VALENTINE. — Eh bien?
TRIELLE. — Eh bien quoi?
VALENTINE. — Donne-les-moi...
TRIELLE. — Ah non!
VALENTINE. — Pourquoi donc?
TRIELLE. — Parce que tu me les dois.
VALENTINE. — Moi?
TRIELLE. — Oui, toi.
VALENTINE. — Qu'est-ce que tu me chantes? Tu ne m'as pas prêté d'argent. D'ailleurs, je n'ai pas l'habitude de te carotter des avances.

L'interrogatoire :
LE COMMISSAIRE. – Comment vous appelez-vous?
FLOCHE. – Floche.
LE COMMISSAIRE. – Avec ou sans S?
FLOCHE. – Sans S.
LE COMMISSAIRE. – Vos prénoms?
FLOCHE. – Jean-Édouard. Domicile : rue des Vieilles-Haudriettes, 129.
LE COMMISSAIRE. – Et votre profession?
FLOCHE. – Je n'en ai pas. J'ai un petit capital qui travaille pour moi.
LE COMMISSAIRE. – Vous êtes décoré?
FLOCHE. – Qui? Moi? Non!
LE COMMISSAIRE. – Alors ça?

(Il désigne le large ruban rouge qui pare la boutonnière.)

FLOCHE. – Ça? C'est un pense-bête.
LE COMMISSAIRE. – Je vous demande quel âge vous avez?
FLOCHE. – Vingt-cinq ans.
LE COMMISSAIRE. – Plaît-il?
FLOCHE. – Vingt-cinq ans.
LE COMMISSAIRE. – Comment, vingt-cinq ans!... Vous avez vingt-cinq ans?
FLOCHE. – Oui.
LE COMMISSAIRE, *rectifiant.* – Vous les avez *eus.*
FLOCHE. – C'est bien pourquoi je les ai gardés!
LE COMMISSAIRE. – Drôle de raisonnement...

Le questionnement :
JEAN TARDIEU : CONVERSATION
(Sur le pas de la porte, avec bonhomie)
« Comment ça va sur la terre?
– Ça va, ça va, ça va bien.
– Les petits chiens sont-ils prospères?
– Mon Dieu oui, merci bien.
– Et les nuages?
– Ça flotte.
– Et les volcans?
– Ça mijote.
– Et les fleuves?
– Ça s'écoule.
– Et le temps?
– Ça se déroule.
– Et votre âme?
– Elle est malade
le printemps était trop vert
il a mangé trop de salade. »

Nous n'insisterons pas sur le rôle bénéfique que peuvent avoir les activités théâtrales en général, qu'elles soient intégrées à la classe de langue ou proposées en activité périscolaire.

Dramatisation avec variations

La disparition de l'image va permettre de créer une scène théâtrale : un lieu privilégié et conventionnel, l'estrade par exemple ou, plus symbolique encore, un espace délimité par les chaises des spectateurs. Les élèves acteurs, libérés des contraintes de la mémoire mécanique (stimulus image → réplique), vont pouvoir y jouer réellement. Le jeu théâtral devrait favoriser davantage l'invention. Le texte passe au second plan, l'essentiel étant maintenant de recréer une situation, l'enchaînement d'événements par des moyens expressifs non verbaux : intonations, gestes, mimiques... Du degré d'implication au jeu théâtral dépendront le nombre et la richesse des variations verbales. C'est dire le rôle du professeur ! Meneur de jeu, il aura à créer le climat de classe favorable et à régler tous les détails de la mise en scène.

En fait, la plupart des élèves et plus particulièrement les adultes ont du mal à incarner des personnages de méthode sans âme, sans caractère, sans passions, pantins qui n'ont d'existence que le temps d'une leçon. C'est, comme le dit fort justement Sophie Moirand[1], que « le théâtre de l'unité didactique audio-visuelle est un modèle de communication qu'on imite, non une situation implicante, génératrice de langage ».

On peut, pour ce deuxième type de dramatisation, partir de la situation proposée par le dialogue de méthode. Les variations porteront soit sur les personnages, soit sur le décor et les événements. Elles devraient entraîner de légères modifications dans les dialogues et inciter les participants à commencer à improviser.

Exemples :

• LA FRANCE EN DIRECT 1. Leçon 10 : « Les vœux de Nouvel An ».

Changement de personnages :
- Sylvie et Philippe et un (une) amie intime.
- Sylvie et Philippe et leurs parents.
- Sylvie et Philippe et des collègues de bureau.

Changement de décor :
- Au restaurant
- L'été, au bord de la mer, à la campagne.

Changement dans les événements :
- Inversion des rôles invité(e)(s) / hôte(s).
- Noël.
- Anniversaire.
- Fête des pères, des mères, etc.

1. Sophie Moirand : « Audio-visuel intégré et communication », *Langue française* n° 24.

• DE VIVE VOIX. Leçon 10 : « Au café ».

Changement de personnages :
– Pierre et un ami.
– Mireille et une amie.
– Deux couples.
– Le père ou la mère de Pierre ou Mireille.

Changement de décor :
– Au restaurant.
– A la gare.
– Devant un cinéma.
– Dans un magasin.

Changement dans les événements :
– Mireille ou Pierre doivent mettre une lettre à la poste, acheter le journal, acheter des tickets de métro, louer des places de théâtre...

• C'EST LE PRINTEMPS. Leçon 6 – DIALOGUE A : « Auto-stop ».

Changement de personnages :
– Deux auto-stoppeurs (un garçon, une fille, l'un des deux est effectivement caché derrière l'arbre).
– Un couple d'automobilistes.

Changement de décor :
– La scène se passe en été, en hiver...

Changement dans les événements :
Un automobiliste s'arrête puis après discussion, refuse de prendre le (les) auto-stoppeur(s).

Dramatisation avec situation nouvelle

Il faut tenter maintenant de faire réemployer l'acquis présenté dans le dialogue dans d'autres situations. On les choisira les plus éloignées de la situation de départ. Le plus simple est bien sûr de partir de situations nouvelles que l'on essaiera de créer en classe. Mais l'exercice n'est pas toujours possible et il faut vite pouvoir dépasser le cadre restreint de la classe pour éviter l'appauvrissement progressif des apports lexicaux et l'ennui que provoque l'artifice.

On doit alors recourir à l'imaginaire et à la technique des jeux de rôles.

Ce sont des sketches ou saynètes joués par les élèves à partir d'un scénario ou d'une simple amorce de scénario proposé par eux ou fourni par le professeur.

La situation doit être clairement présentée et les rôles définis avec suffisamment de précision. Quand le thème a été choisi, les rôles décidés et distribués, les acteurs (2 à 4, rarement plus de 5 pour une bonne participation de chacun) entrent en scène. Les spectateurs, ceux qui ne jouent pas, n'ont pas à rester complètement passifs. Ils peuvent intervenir, souffler une réplique, montrer l'écart entre le rôle proposé et le jeu du rôle. On s'efforcera pourtant de ne pas casser le rythme du jeu en limitant les interventions et en repoussant à la fin le travail de discussion et d'interprétation collective.

Si trop souvent l'exercice paraît encore figé et puéril, c'est qu'on oublie qu'il faut que la situation de départ contienne en germe un déséquilibre, une charge affective, un événement accidentel ou imprévu, une ambiguïté, un conflit qui fera basculer la situation initiale pour permettre le rebondissement de l'action. Si la situation envisagée est purement statique, trop stable, les acteurs se borneront à l'imitation formelle des rôles choisis et se retrouveront très vite dans le cadre étroit du dialogue modèle. Ici, pas de textes de répliques, puisque les élèves doivent les inventer. Bien sûr, au tout début de l'apprentissage, il sera difficile de se libérer totalement du dialogue mais, dès que le bagage linguistique des élèves le permettra, il faudra, par tous les moyens, favoriser l'improvisation qui est à la source de la spontanéité et de la véritable liberté d'expression.

Exemples de situations nouvelles ou transpositions à partir de dialogues de méthodes.

DE VIVE VOIX. Leçon 13.
Pierre, Mireille, Martine et Philippe veulent aller passer leur dimanche à la campagne. Pierre attend à la gare d'Austerlitz ses trois amis qui ont rendez-vous avec lui à dix heures et quart. Martine arrive en retard chez Mireille et Philippe. Le taxi qui doit les conduire à la gare tombe en panne d'essence et ils manquent tous leur train.

Situation nouvelle proposée dans la méthode
Demander à un chauffeur de taxi de vous emmener à une gare. Vous devez vous dépêcher.
– On appelle le taxi - Adresse - Invitation à se dépêcher - Train à X heures.
– Incident de la circulation ou panne - Crainte de retard - Trouver une solution.

Autres propositions :
– A la gare : vous attendez des amis qui n'arrivent pas - Inquiétude.

Dialogue avec les passants - Votre montre retarde? - Impatience. Demande de renseignements sur les trains suivants - Un de vos amis arrive - Le train part dans cinq minutes - Allez-vous attendre les autres et prendre le train suivant? - Discussion... - Désaccord - Querelle - Rupture, etc.

SIXIÈME VIVANTE
Dossier 1.

Texte d'après l'écrivain Ivoirien B. DADIÉ tiré du roman *Climbié*. Climbié est un petit garçon de Côte-d'Ivoire qui commence à apprendre le français. Il est fasciné par l'écriture, par le dessin des lettres.

Il écrit partout, mais par terre et dans le sable les lettres s'effacent vite. Longtemps il cherche à laisser des traces durables. Et voilà qu'un jour il trouve un bout de charbon de bois.

Écrire ! quoi de plus simple maintenant. Il faut un mur. Le mur de la classe est blanc. Climbié s'applique. Mais cela n'a pas l'air de plaire : cris des camarades, apostrophe du maître. Climbié comprend : c'est à lui qu'on en veut ! Il se sauve, poursuivi par la meute des grands, et se réfugie chez son oncle.

Nouvelle situation proposée
Sur le même thème (faute inconsciente), on pourra faire jouer une ou plusieurs des scènes suivantes :
– la jeune fille qui croit bien faire en lavant du linge qui vient d'être lavé (fille - mère);
– le garçon qui veut absolument voir ce qu'il y a à l'intérieur du réveil ou du poste de radio (fils - père);
– le passager de l'autobus qui ouvre ou ferme les portes, donne à contretemps le signal du départ (plusieurs passagers - le chauffeur);
– le spectateur d'une bagarre qui maîtrise un des deux adversaires et découvre que c'est un policier (spectateurs - adversaires).

Dans le classement que nous avons fait de dramatisations allant de la plus grande contrainte à une relative liberté, le même exemple, *Climbié,* nous permettra de refaire l'itinéraire proposé :
1 - Reconstitution fidèle du dialogue modèle que l'élève imite :
support : image - texte,
objectif : mémorisation.
2 - Le dialogue est joué cette fois :
support : scène conventionnelle, mise en scène, mime,
objectif : jeu théâtral (gestes, intonations).

Ici on pourra faire mimer la scène : faire écrire Climbié au tableau (symbolisant alors le mur de la classe).
Personnages : Climbié, le maître, quelques grands élèves.
3 - Faire jouer une scène à partir d'une situation directement inspirée du dialogue, mais suffisamment modifiée pour que toute reconstitution fidèle soit impossible :
support : mêmes personnages - scénario modifié,
objectif : variations verbales.
Imaginer :
– que les grands élèves ont rattrapé Climbié et l'ont ramené au maître - que dit le maître ?
– que Climbié, arrivé chez lui, raconte son aventure à son oncle;
– qu'on organise un procès à Climbié - un élève assure la défense, l'autre l'accusation.
4 - Faire jouer la scène à partir d'une situation nouvelle se rattachant au thème du dialogue, avec des personnages et un contexte originaux, obligeant les élèves à improviser :
support : jeux de rôles;
objectif : variations situationnelles et variations verbales.
– variations sur le thème faute inconsciente (déjà cité).

Dramatisation et implication personnelle

Maintenant, l'élève n'a plus à incarner un personnage de méthode, il reprend son identité pour jouer une scène dont les éléments situationnels seront donnés par le dialogue de présentation. On lui impose encore la trame d'une situation globale, la logique d'un certain nombre d'enchaînements, mais, délivré du texte et redevenu lui-même, il va pouvoir prendre position, interpréter la situation de départ, transformer le cours du récit. La variation de certains éléments de la situation : cadre, statut des personnages, le fait qu'il soit cette fois directement impliqué va entraîner de nouvelles variations verbales.
Le passage du « je » des personnages de méthodes au « je » de l'élève favorise la distanciation, la critique, le jugement et permet la discussion : les élèves en viennent à faire des comparaisons avec leur propre système culturel et à se situer par rapport aux personnages (le « je » et le « tu » de méthodes deviennent « il »).

A la fin de la leçon présentée dans le film « Les moments de la classe de langue », le professeur demande aux élèves de transposer la situation de départ : une invitation à dîner, dans leur vie quotidienne. Un des élèves, reprenant la situation typiquement française présentée dans le dialogue, fait asseoir ses invités sur des chaises. « Menteur ! », s'exclame un autre, il n'y a pas de chaises chez toi, on s'assoit sur des nattes... La polémique ne va pas plus loin, elle est complètement escamotée, le professeur passant rapidement à autre chose. Et pourtant, n'était-ce pas là le but final de la leçon ?

On trouvera un bon exemple de possibilité d'implication individuelle et collective à partir du dossier VII de la méthode *Sixième vivante* : « Le danseur voleur de bœufs ». Le texte de départ est tiré de contes malgaches. C'est l'histoire d'un danseur : Révère, qui est aussi voleur de bétail à ses heures. Comme tous ses voisins, il vient danser au mariage du fils du roi, mais profite de la fête pour s'enfuir avec tous les bœufs. Poussé par l'amour de la danse, il revient un peu plus tard au village où la fête continue et danse si bien qu'il se fait remarquer par le roi. Amené devant lui, Révère avoue le vol des bœufs. Le roi demande au peuple de le juger ! La réponse est sévère : il est coupable, il faut le tuer. Révère propose alors de danser jusqu'à en mourir. Ce qu'il fait, au milieu des cris, des sifflets et des claquements de mains, jusqu'à épuisement. Alors, le peuple l'achève.

L'exercice de dramatisation portera sur la fin du texte au moment où le roi ayant remarqué Révère dans la foule des danseurs va vers lui et lui demande qui il est :
– Distribuer les rôles :
le roi, propriétaire, Révère, le voleur, le peuple, juges (4 ou 5 élèves).
– Faire jouer la scène entre le propriétaire et le voleur. Dans le conte, Révère avoue immédiatement son crime, l'élève qui jouera le rôle du voleur peut très bien ne pas vouloir avouer tout de suite. Dans le dialogue qui va s'instaurer, le propriétaire va donc essayer de savoir par des questions détournées si son interlocuteur est bien le voleur.

Dialogue possible :
— Qui es-tu ? — D'où viens-tu ? — Où étais-tu hier ?
— Quand es-tu parti ? — Avec qui étais-tu ?
— Pourquoi as-tu quitté le village ? — Pourquoi es-tu revenu ?

Faire jouer la scène entre le roi, propriétaire, et le peuple-juge. Les juges ou le propriétaire peuvent ne pas vouloir la mort du voleur ou encore les juges ne sont pas d'accord, les uns veulent que l'on tue le voleur, les autres qu'on lui pardonne ou qu'on le punisse légèrement. Il faudra alors trouver les arguments :
— ce n'est pas un grand crime,
— ce n'est pas lui le coupable,
— il danse bien, il participera à nos fêtes, etc.,
et de l'autre côté :
— il recommencera,
— nous avons trop de voleurs,
— qui a volé doit être puni...

La situation est encore inspirée du texte, mais les élèves participent directement au jeu dramatique sans l'écran des personnages.

Demander aux élèves, après cette dramatisation, d'expliquer les positions prises : avouer, ne pas avouer, pour ou contre la mort du voleur, etc. Ce sera le moment de la distanciation, le passage au « il ».
— Le voleur est bête, il n'aurait pas dû avouer.
— Le peuple est trop sévère, on ne tue pas un voleur.
— Mais il faut bien punir.
— Le roi ne devrait pas écouter le peuple...

C'est aussi pour eux le moment du vrai « je », celui qui prend position, qui polémique, qui juge, qui décide.
— Moi, j'aurais menti jusqu'au bout.
— Je ne suis pas d'accord avec le peuple.
— Tu n'as pas le droit de laisser partir un voleur sans le punir, etc.

Dramatisation de faits divers

On partira de faits divers réels relevés dans les journaux. L'article choisi doit être assez court pour éviter d'avoir à faire au préalable un trop long travail de compréhension.

Exemple : article tiré de *France-Soir*...

LILLE, mercredi,

Comme dans un western, l'homme était agenouillé sur le sable lorsqu'il entendit un coup de feu claquer derrière lui. Il se retourna. Deux inconnus le dominaient. L'un d'eux braquait un fusil à canon scié en direction de son front.

— Donne-nous tout ce que tu viens de ramasser ou on t'allume.

Il était 16 heures. On n'était pas en Arizona mais sur la plage déserte de Saint-Pol-sur-Mer près de Dunkerque.

Bernard Delylle, l'homme agenouillé dans le sable, ne venait pas de ramasser des pépites mais quelques-uns de ces gros vers de sable si difficiles à attraper et qui servent d'appât pour la pêche en mer.

— Tu es fou ! Tu ne veux quand même pas me tuer pour me voler des vers?

Pour toute réponse, l'homme épaula son fusil. M. Delylle donna son sachet de vers de sable. Les deux bandits montèrent à bord d'une R 8 et disparurent.

Le pêcheur alla conter sa mésaventure au commissariat de police. Barrages sur les routes, patrouilles, la R 8 fut bientôt repérée. Mais il fallut encore la traditionnelle course-poursuite pour appréhender les voleurs : Jean-Luc Bouchard, un mécanicien de 22 ans, et son complice, un mineur.

— Ce n'est pas nous, prétendirent-ils.

Mais chacun sait que les mauvais cow-boys laissent des empreintes. On retrouva les leurs sur le sable mouillé et ils durent avouer leur étrange agression.

France-Soir du 6/2/1975

Document proposé dans le tome 2 du cours de français édité par le ministère luxembourgeois de l'Éducation nationale.

Le texte est distribué. Les élèves en prennent rapidement connaissance. Par quelques questions fermées, le professeur en vérifie la compréhension globale. Ne pas chercher à entrer dans le détail à ce stade.

Objectif

Il faut maintenant essayer de montrer aux élèves qu'à partir d'un fait divers comme celui-là et d'un article très court on peut réaliser un film (un court métrage par ex.). On fait alors trouver par les élèves les différents moyens matériels nécessaires : caméra, décor, accessoires, ainsi que les principales étapes dans la préparation : choix des rôles, des acteurs, dialogues. On arrive ainsi à la notion de *scénario* dont la fabrication constitue le point de départ de la dramatisation.

L'objectif est alors clairement formulé : à partir du fait divers présenté, élaborer un projet de scénario pour la fabrication d'un film ou d'un roman-photo. Le roman-photo est peut-être un projet plus immédiatement réalisable, car, à moins de disposer d'un équipement vidéo, la réalisation d'un film est un travail long et coûteux. Pour le roman-photo, un polaroïd suffira.

Groupes de travail

Comme il est impossible de conduire ce travail à trente, on répartit les élèves en 3 ou 4 groupes (de 5 à 8). Chaque groupe a pour tâche de préparer un scénario, de choisir les acteurs et de mettre en scène, à sa manière, le fait divers retenu.

Le scénario

Par le biais du film ou du roman-photo les élèves doivent trouver d'eux-mêmes les éléments constitutifs d'un scénario. On en notera alors le cadre au tableau. Une relecture du texte permettra de noter dans ce cadre toutes les informations données par le journaliste.

Personnages	*Lieux*	*Action*	*Dialogue*
– Bernard Delylle	– plage déserte St-Pol-sur-Mer	– l'attaque	« Donne-nous... on t'allume... »
– J.-L. Bouchard et son complice	– commissariat	– la plainte	« tu es fou... »
– les agents de police	– sur la route	– l'arrestation	« Ce n'est pas nous... »
	– plage	– la reconstitution	

Ce premier travail d'analyse permet d'aboutir à la compréhension détaillée du texte sans passer par l'explication linéaire traditionnelle. Il faut maintenant inviter les élèves à remplir les nombreuses ellipses que comporte l'article : imaginer par exemple dans le détail la scène de la plainte. Bernard Delylle s'est probablement heurté au début à la méfiance des policiers (il n'est quand même pas très courant de se voir menacé de mort pour quelques vers de sable). Ce sera aussi l'occasion de travailler avec les élèves sur la forme spécifique du questionnement : l'interrogatoire de police. On peut aussi monter la scène de la poursuite en voiture : appel radio, bruitages divers, barrages de police ainsi que la scène finale : reconstitution de l'attaque à main armée.

Il faut bien montrer à ce stade, qu'il ne suffit pas de se limiter aux données du texte mais qu'il faut, en remplissant les ellipses, en inventant le dialogue, rendre l'histoire compréhensible à des gens qui ne la connaissent pas.

Consignes pour chaque groupe de travail :
– répartir les rôles;
– préparer oralement les détails de la mise en scène;
– préparer la dramatisation elle-même.

Le travail en groupe

Pendant 15 à 20 minutes, les élèves travaillent librement. Le professeur pourra intervenir à la demande pour donner des informations lexicales, examiner le détail des scénarios, donner des conseils de mise en scène.

Dramatisation et évaluation

On désignera par tirage au sort le groupe qui aura à jouer le premier. Les autres ont pendant ce temps un rôle d'observation. Les inviter à prendre des notes. L'évaluation peut être guidée. Faire porter les remarques sur :
– le découpage chronologique et la logique du récit;
– le choix des décors;
– les personnages et leur interprétation;
– le contenu et la forme des dialogues.

Réalisation du document final : film ou roman-photo

La mise en commun de toutes les remarques et les corrections à apporter après l'évaluation vont permettre d'aboutir à un scénario collectif cette fois. On choisira parmi les acteurs des trois groupes ceux qui auront le mieux interprété leur rôle. Il restera alors, pour la fabrication du document, à choisir les plans, et à travailler les cadrages. (Ce travail peut se faire avec le professeur de dessin, de travaux manuels ou dans l'atelier photo de l'établissement, s'il en existe un.)

On peut, là encore, former des groupes de travail et répartir les tâches.

Remarques
Ce jeu permet de travailler de façon équilibrée l'expression orale (dramatisation - discussion - évaluation) ainsi que la compréhension et l'expression écrite (lecture - rédaction du scénario). Pendant la préparation, on s'attachera à ce que les interactions verbales entre élèves se fassent en français.

Il met en œuvre des techniques d'animation de classe et des exercices très variés : lecture - compréhension écrite - expression écrite - analyse de texte - expression orale - dramatisation, etc.

C'est aussi l'occasion d'un travail sur les registres de langue : - celui des policiers - des bandits - du pêcheur de vers.

Enfin, c'est aussi l'occasion d'une véritable création collective qui permettra de ne pas en rester au stade de l'explication de texte pour elle-même mais de répondre à un texte par un autre texte.

Dramatisation et pastiche : *Le journal télévisé ou le journal parlé.*
On connaît tout le parti qu'en ont tiré la plupart des chansonniers et des humoristes dans leurs sketches. Les enfants et les adolescents portent sur le monde des adultes le même regard et le font souvent avec perspicacité et talent.

Pastiche de journal télévisé ou de journal parlé :
Le travail commencera par l'observation : montrer un journal télévisé (copie au magnétoscope) ou faire écouter les informations (repiquées au magnétophone). On s'attachera au début à la compréhension globale, essayant plutôt de bien faire analyser la composition du journal : — événements marquants de la journée — politique extérieure/politique intérieure — faits divers — dossier centré sur un problème économique ou social — sports — bulletin météo — rappel des titres..., etc.

Faire retrouver ensuite les constantes au niveau des moyens d'expression du présentateur ou du commentateur :
« Mesdames et messieurs, bonsoir... nous venons d'apprendre — on apprend... Le ministère de... vient de communiquer... — nous recevons à l'instant une dépêche de l'agence... L'actualité est particulièrement chargée ce soir... En France... Le Conseil des ministres... A l'étranger, de mauvaises nouvelles nous parviennent de... Sports : la journée a été marquée par la victoire de... sur... etc. »

On constituera ensuite des groupes travaillant sur les principales rubriques relevées : événements marquants de la journée — faits divers — sports..., etc. Pour parvenir au pastiche, l'événementiel sera tiré de la vie de l'école, du lycée ou de la classe; les personnages cités seront des élèves, des professeurs ou des membres de l'administration.

Après rédaction par les groupes du contenu des principales rubriques, les élèves commentateurs ou présentateurs joueront la scène devant leurs camarades. Il faudra alors improviser un décor, distribuer les rôles, éventuellement mettre au point des illustrations visuelles (graphiques, cartes, caricatures...) ou sonores (bruitages, interviews...) prévoir un peu de publicité (également pastiche).

Toute la préparation peut se faire en simulation (voir à ce propos le chapitre suivant).

Si l'on dispose des moyens matériels adéquats, ce travail peut déboucher sur la production par les élèves d'un document : document magnétoscopé (équipement vidéo), enregistrement sonore (magnétophone et micros). Dans ce cas on peut réellement faire participer toute une classe à ce type d'activité : les reporters vont aux nouvelles, les rédacteurs préparent les textes, les présentateurs et les commentateurs répètent, les techniciens, décorateurs, maquettistes préparent décors et prises de vue.

Autres thèmes possibles pour le pastiche : en général toutes les émissions connues de radio ou de télévision : apostrophe – les dossiers de l'écran – lecture pour tous – JJMS, des interviews de personnages célèbres : écrivains, hommes politiques, vedettes de la chanson, du spectacle..., etc.

MIMODRAME

Le professeur a encore trop souvent l'habitude d'enseigner une langue comme un phénomène isolé, un pur savoir indépendant des gestes, des mimiques, des bruits et de tout ce qui constitue en général le domaine paralinguistique, verbal ou non.

L'institution scolaire avec son cadre, ses traditions didactiques, sa façon de découper l'espace, n'est pas étrangère à cet oubli progressif du corps. D'année en année, de la maternelle à l'université, les inhibitions se renforcent conduisant élèves et professeurs à se figer dans la position assise. Il faudra donc, en classe de langue, surmonter la peur du corps pour amener progressivement professeur et élèves à s'exprimer : à sortir d'eux-mêmes.

L'utilisation du drame (au sens large) le recours à la gestuelle, rappelleront aux uns et aux autres que parler une langue implique aussi d'agir dans cette langue. Au début, cela ne se fera pas sans mal. Il faut éviter de forcer les habitudes, s'attacher à créer en classe un climat fait de confiance et de sympathie et ne pas vouloir aller trop vite. On procédera par étapes :

1 - **déconditionnement - relaxation :** il existe une très grande variété d'exercices de ce genre. Ils ont pour fonction essentielle de faire éclater les automatismes acquis et de faire redécouvrir l'usage des sens.

• *pour une meilleure perception de soi :*
– Les élèves se placent, debout, tout autour de la classe, le long des

murs. On leur demande de se détendre complètement puis de commencer à contracter fortement les orteils, les pieds, les jambes en montant progressivement jusqu'au sommet du crâne. Cela peut durer une bonne minute. Donner alors la consigne de se décontracter lentement en commençant par la tête.

– marcher au ralenti, le plus lentement possible, en décomposant bien tous les mouvements, poser très doucement le pied sur le sol.

– secouer fortement la main en jetant les doigts vers l'extérieur, puis le bras, les deux mains, les deux bras, une jambe, la tête, le corps tout entier.

• *pour une meilleure perception de l'environnement :*
– écoute du silence (yeux fermés) essayer d'enregistrer tous les bruits, dire ce que l'on a entendu.

– on présente aux élèves un panier rempli de fruits : pommes, oranges ou noix par exemple. Chaque élève choisit un fruit qu'il doit bien observer pour le reconnaître par la suite. Après observation, bien mélanger les fruits. Chacun doit alors essayer de retrouver son orange, sa pomme ou sa noix.

– yeux bandés les élèves partent à la découverte de la classe... on peut leur donner au préalable un objectif précis : la découverte d'un objet par exemple.

• *pour une meilleure connaissance des autres :*
– échange de regards : regarder l'autre dans les yeux le plus longtemps possible sans baisser les paupières.

– diviser la classe en deux groupes : les uns ont les yeux bandés les autres doivent les guider à travers la classe par le geste et la voix ! On procède ensuite à l'inversion des rôles.

– tous les élèves ont les yeux bandés. On constitue des groupes de deux. Chacun doit faire la connaissance tactile de l'autre.

On n'oubliera pas le rôle que peut jouer la musique dans cette recherche du corps. De Vivaldi à Jimmy Hendrix, en passant par des sonorités propres à l'instrumentation en soliste : flûte, guitare, cithare, etc. les illustrations ne manquent pas. Éviter cependant les rythmes identifiables à des danses connues (on retombe alors dans l'automatisme). Les participants peuvent improviser sur cette musique : gestes - paroles - graphisme.

2 gestuelle - communication non verbale :
L'objectif essentiel est de replacer la parole dans un ensemble où la communication n'est pas toujours verbale. Il est, dans la vie quotidienne, bon nombre de situations dans lesquelles un geste suffit pour demander, donner, retrouver quelque chose. C'est, par exemple, le premier mode de communication utilisé par celui qui ne connaît pas la langue du pays dans lequel il se trouve.

Le professeur commencera lui-même à faire une série de demandes, d'ordres, de refus, uniquement par gestes et mimiques.

Exemples :

• il pourra demander :

– des objets se trouvant dans la classe, ou qu'il imagine en possession des élèves.

– d'effectuer un certain nombre d'actes simples : fermer une fenêtre, ouvrir la porte, demander quelque chose par gestes à un autre élève, etc.

• il pourra donner aux élèves :

– des objets à fonction précise leur indiquant ainsi des objectifs précis : une craie pour aller écrire leur nom au tableau, un message à remettre, etc.

• il pourra refuser :

– un objet, un service qu'il vient de demander parce qu'il ne correspond pas exactement à ce qu'il espérait, etc.

Le jeu peut aller jusqu'au dialogue de sourd et muet où une véritable conversation s'instaure.

Plus tard, quand les élèves seront habitués à communiquer ainsi, on pourra leur demander de traduire verbalement gestes ou actes mimés. C'est un excellent exercice qui permet de vérifier la compréhension de la gestuelle propre à la langue cible. Compte tenu des différences éventuelles entre les conventions gestuelles, ces exercices vont de pair avec une initiation à la mimique propre de cette langue.

A titre indicatif :

Mimiques et gestes : (inventaire non exhaustif)

• *visage*	
froncement de sourcils	– désapprobation, incompréhension ou colère
clin d'œil	– complicité, invite
déplacement de la tête de droite à gauche	– « non » avec insistance : forte désapprobation
déplacement de la tête de haut en bas	– « oui »
• *avec la main*	
main ouverte derrière l'oreille	– « J'entends mal, comment ? vous voulez répéter... »
main sur le front	– migraine, réflexion, avec hochement de tête : désapprobation
mains sur les yeux	– « je ne veux pas voir ça », crainte...
pincement du nez avec pouce et index	– « Ça sent mauvais ! »
index sur œil gauche ou droit	– « mon œil », « Je ne vous crois pas », « je ne suis pas dupe »
index sur tempe	– « vous êtes fou, cinglé »
index sur lèvres	– « chut ! » « taisez-vous ! » « silence ! »
index tenant le menton	– hésitation, attente
bras tendu, main secouée de haut en bas	– « au revoir », « à bientôt »
bras tendu, main secouée de droite à gauche	– « non »
bras tendu, index recourbé	– « venez ici »
bras tendu, index tendu	– désignation d'un objet ou d'une direction à prendre
bras tendu, main ouverte vers l'avant,	– « stop, arrêtez ! »
doigts écartés, moulinet de la main	– « allez-y, continuez, circulez... »
– main secouée	– « oh là là ! » étonnement, surprise
– main droite sur articulation intérieure du	

coude de la main gauche légèrement repliée	– bras d'honneur
– les deux mains sur la tête	– catastrophe imminente
– index tendu, main secouée	– mise en garde « attention, vous allez voir ! »
• *avec bras et corps*	
– mains sur les hanches	– attente ou renforcement de mimiques déjà citées
– haut du corps légèrement penché vers l'avant et mouvement de bras	– « allez-y » « passez » indique qu'on laisse passer devant soi la personne qui se trouve à ses côtés
– bras croisés	– attente ou désapprobation
– main posée sur le ventre	– « j'ai faim » avec grimace : « j'ai mal au ventre »

3 du mot au geste : l'induction ou le dictionnaire mimé.

« Les mots libérés de toute ordonnance et des articulations qui donnaient à la phrase son sens, selon un jeu pratiqué par les surréalistes, semblent exister d'une vie autonome, scintillante, élargie[1]. »

Plutôt qu'une suite d'autres mots pour répondre à un mot (principe de la définition du dictionnaire[2], on peut imaginer des réactions corporelles plus ou moins immédiates.

Le jeu consiste à proposer aux élèves une liste de mots qu'on choisira si possible assez différents les uns des autres. On voit d'emblée que, contrairement à l'interprétation graphique, on peut ici proposer très tôt des mots dits abstraits (peur - haine - courage...).

Liste possible avec des débutants :

gare	couteau	rester	assez
laine	écrire	au revoir	bien
dur	froid	rien	chaud
madame	pardon	neige	Mars
oiseau	douze	noir	tu

Chaque élève se verra attribuer un mot qu'il aura à interpréter uniquement par gestes soit imitatifs, soit symboliques.

Le jeu peut être également pratiqué avec des étudiants avancés à partir de listes présentant davantage de difficultés :

décrire	poète	croissant	tranche
vétérinaire	passeport	corde	préhistoire
escrime	trois-étoiles	alternative	mère
gai	vocation	disgrâce	muer
indifférence	vœu	pâle	égoutter

Mais il est possible aussi d'aller plus loin, de faire deviner par le geste des associations, des suites syntagmatiques, des champs sémantiques dans des listes spécialement conçues à cet effet :

velours	couteau	blanc
laine	robe	chapeau
bottes	cuir	gâteau
souple	citron	parfum
corsage	rondelle	femme

Enfin, la « traduction gestuelle » est particulièrement efficace pour les adjectifs et les adverbes :

1. Dynamique de la création : le mot et l'expression corporelle Pinok et Matho (Monique Bertrand et Mathilde Dumont) Librairie J. VRIN.

2. Voir à ce sujet le parti qu'en a tiré R. QUENEAU dans l'*Oulipo,* Ouvroir de Littérature Potentielle, Paris, Gallimard, 1981. (Collection 10/18).

Un groupe d'élèves tourne le dos aux autres. Ceux-ci proposent à partir du verbe regarder une série d'adverbes, de compléments. Pour interpréter les propositions faites, les élèves-acteurs volontaires se retournent, le temps du jeu.

Ex : REGARDER – bêtement
– avec attention
– avec indifférence
– béat
– en face
– rapidement, furtivement
– fixement
– avec dégoût
– amoureusement
– avec convoitise, etc.

On peut aussi introduire progressivement du verbal dans ce type de communication pour rendre plus complexes les actes de paroles envisagés. L'expérience de l'étranger ne connaissant pas la langue du pays dans lequel il se trouve nous fournit encore de nombreux exemples. Un mot, dans ce cas, accompagné des gestes adéquats suffira à faire passer le message.
Exemples :
– le nom d'une rue, d'une gare, d'une banque accompagné d'une mimique interrogative;
– gestes de refus associés au mot cigarette pour répondre à une demande... etc.

On peut remarquer que, dans ce cas, l'étranger utilise le plus souvent des mots existant déjà dans sa langue maternelle, des « transparents » soit à l'oral, soit à l'écrit. Il y a ainsi une centaine de transparents pour les principales langues européennes qu'il serait utile de faire employer très vite (cigarette – hôtel – restaurant – garage – mini – super, etc.).

4 Du verbal au non verbal : le jeu des consignes

Il faut ici passer de consignes verbalisées à leur réalisation non verbale :

• *l'automate*

On désigne un élève (ou un groupe d'élèves) qui ira se placer debout au centre de la classe pour exécuter toutes les consignes verbales que les autres voudront bien lui donner.

On peut, à cette occasion, faire avec les élèves, un rapide tour d'horizon de la manière d'exprimer l'ordre et sa réalisation gestuelle :

avec des adjectifs :
assis – debout – couché – allongé – tout doux – calme – fixe – gauche / droite – interdit – autorisé – obligatoire...

avec des adverbes :
• de lieu : ici! dehors! devant / derrière! là-bas – etc...
• de manière : doucement – vite – calmement...
• de temps : demain – tout à l'heure – tout de suite – maintenant, encore...

Adverbes et prépositions peuvent être associés à des comparatifs : plus haut, plus bas, plus près, plus vite, moins vite, mieux que ça!

avec des prépositifs :
à – à toi, à X..., à vous, au suivant... à droite / gauche, à table, à genoux, à quatre pattes, à l'attaque, à l'est / ouest, à cheval, à bicyclette, à vos marques, à vos rangs...
en – en route, en voiture, en avant / arrière, en haut / bas, en vitesse, en garde...
en rang, en rond (cercle, carré...), en ligne...
par – par ici, par là, par en haut / bas, par deux...

avec des substantifs :
seuls : attention! silence! lumière! cigarette!...

avec déterminants : la porte! le sel! le pain! l'addition! un demi, un café, un crème! (S. V. P.)
attention! le prof! le directeur! un flic!

avec des verbes : la plupart des verbes à l'impératif se construisent avec certains des éléments cités plus haut.

• *les consignes :* A partir de consignes écrites, les élèves ont à réaliser quelque chose. Pour pouvoir vérifier objectivement la réalisation des consignes, il est préférable de donner à faire des combinaisons de figures géométriques simples.

Le professeur prépare à l'avance une vingtaine de papiers contenant chacun des consignes différentes :
Exemple : trace un grand carré d'une dizaine de cm de côté dans lequel tu inscriras en bas dans le coin gauche un triangle renversé. Dans ce triangle dessine un gros point rouge. Plie ta feuille de façon à ce qu'on ne voit plus ton dessin et écris ton nom en haut à droite.

On ramasse toutes les réalisations qui sont redistribuées dans un ordre différent. A partir des dessins réalisés, les élèves doivent cette fois rédiger les consignes qui s'y rapportent. Ils portent leur propre nom ainsi que le nom du dessinateur sur cette nouvelle feuille qui est alors une nouvelle fois redistribuée. Ces nouvelles consignes donnent un nouvel ensemble de dessins qui seront comparés aux dessins initiaux. Le travail d'évaluation consistera à rechercher les erreurs et leurs sources : mauvaise interprétation des consignes initiales, mauvaise rédaction des consignes nouvelles.

C'est là un excellent exercice pour faire acquérir rigueur et précision de l'expression. A rapprocher : le bouche à oreille. Le professeur prépare un message simple de quelques phrases. Il le communique à voix basse et à l'oreille du premier élève se trouvant à sa gauche ou à sa droite qui le communique à son tour au voisin et ainsi de suite jusqu'au dernier élève. Celui-ci annonce alors le message. On compare avec le message initial, et il y a toujours d'assez grosses surprises! On essaie de remonter à la source des premières distorsions.

Les distorsions de la communication sont bien illustrées par la lettre de Lewis Caroll à ses frère et sœur (cf. Lewis Caroll dans la Collection Seghers : « Poètes d'aujourd'hui », 1952, p. 121). La même expérience, décrite par Lewis Caroll, est pratiquée couramment en psychologie expérimentale.

5 Mimodrames

On commence en général par mimer des sentiments ou des besoins particuliers. Par exemple, le professeur pourra, par simples mimiques, exprimer la surprise, l'étonnement ou la déception, la tristesse. Les élèves devront interpréter ces mimiques en les traduisant verbalement. On peut aider les débutants en leur fournissant des aides lexicales :

avoir peur	être malade
faim	triste
soif	heureux
froid	nerveux
mal	perdu

Le même travail pourra se faire en groupe. Il suffira d'indiquer aux élèves qu'ils se trouvent : au théâtre, au cinéma dans une manifestation de rue, qu'ils assistent à un match, de football, de tennis... ou à une compétition : course hippique, automobile, etc. Le professeur demandera alors aux spectateurs d'applaudir, d'approuver, d'encourager, de critiquer, de désapprouver, de huer... etc.

Ce sera l'occasion de faire coïncider exclamations verbales avec mimiques appropriées.
Plus tard, on pourra demander à un élève ou un groupe d'élèves de mimer de courtes scènes sur des scénarios qu'ils auront inventés. Les élèves spectateurs ont alors à interpréter verbalement (oralement ou par écrit) chaque scène proposée. L'inverse est également possible : on fera mimer de courts récits (revoir à ce sujet le paragraphe : dramatisation de faits divers).

6 Le rêve éveillé et l'identification

Ce sont deux techniques souvent employées dans les séminaires de créativité. Elles peuvent être utilisées assez tôt en classe de langue pour leur puissante motivation à l'expression spontanée.

• *le rêve éveillé* peut se pratiquer en tête-à-tête ou en groupe. Il faut une atmosphère propice : écarter chaises et tables. Les participants s'allongent sur le dos ou sur le ventre, à leur guise. Prévoir une période de relaxation pendant laquelle on peut passer de la musique par exemple.

En tête-à-tête : le professeur va s'adresser à chaque élève isolément en proposant des images au début assez neutres : paysages — objets — personnages — sentiments, etc. Après avoir fait le tour de la classe, il revient à son point de départ : l'élève, entre-temps, a pu se fixer sur le thème proposé. Lentement, le professeur l'invite à exprimer son « rêve », il peut poser des questions, faire préciser une image...

En groupe : une dizaine de participants s'allongent sur le sol en étoile tête contre tête au centre. Le professeur, après une courte période de relaxation, fournit alors les premières indications : vous êtes en pleine mer, sur un radeau, sur une plage, dans une clairière, à bord d'un Boeing 747 (ou du Concorde) en face d'un grand feu de bois, etc. Le rêve commence. Les participants s'expriment quand ils en ont envie. Ceux qui n'ont rien à dire n'interviennent pas, pour éviter de gêner les autres. Les images se précisent peu à peu. Le professeur peut aider les participants en complétant certaines impressions ou en leur fournissant le matériel linguistique dont ils manquent. Progressivement, le voyage s'organise, les participants se libèrent, pour parcourir ensemble ce rêve éveillé et verbalisé. A la fin de la séance, le professeur peut demander aux élèves rêveurs d'exprimer leurs impressions, d'évaluer les apports respectifs des uns et des autres. C'est là l'occasion de passer au discours rapporté : « A un certain moment X a dit qu'il voyait ça... moi, je n'étais pas de son avis... je voyais autre chose... »

• *L'identification*

Le professeur propose des identifications à un objet, un animal ou à un personnage. Un élève volontaire s'isole dans la classe et pense fortement à ce qu'il est censé représenter. Le professeur et les autres élèves vont alors lui demander de se décrire. Ils pourront poser des questions précises pour guider l'identification[1].

– Tu te sens bien dans ta peau ?
– Dis comment tu es fait (grand, petit, lourd/léger – jeune, vieux, masculin/féminin).
– De quelle couleur es-tu ? Quelle matière ?
– Quelles sont tes qualités, tes défauts ?
– Comment es-tu né ?
– Parle-nous de tes parents, de ta famille...
– Décris-nous ce qui t'entoure (objets, personnes).
– Quelles sont tes relations avec ... ?
– Qu'est-ce qui te plaît/te déplaît dans l'existence ?
– Qui sont tes amis/tes ennemis ?
– Qu'est-ce que tu ressens si on t(e) (touche, enfonce, casse...).
– Comment vois-tu ton avenir ?
– Si tu avais droit à trois souhaits, que demanderais-tu ?
– Qu'est-ce qu'on pourrait changer en toi ? (augmenter, diminuer, retrancher, ajouter, multiplier, remplacer, supprimer...).

JEUX DE RÔLES

Ne nous leurrons pas : nos transpositions, ce moment si attendu de la classe de langue où l'expression, d'un coup, devrait se libérer des contraintes de la répétition et de la systématisation, se résument trop souvent à l'imitation de notre belle mécanique de départ : le dialogue mémorisé. Nous ne savons pas faire sortir nos élèves des cadres imposés et, c'est un effort de création qu'ils ne peuvent plus faire, livrés à eux-mêmes.

1. Questionnaire guide proposé par Hubert Jaoui dans *Clefs pour la créativité* (Seghers) 1975.

Transposer, ce devrait être recréer spontanément « le jeu qui se déroule entre deux personnes, entre une personne et une chose, entre une société et une autre société, entre une personne et son œuvre, entre une société et l'humanité dans son ensemble[1] ».

En fait, nous plaquons à la situation de départ des stéréotypes banals, mauvaises imitations du dialogue modèle initial. Nos élèves ont beaucoup de mal à sortir de l'imitation stérile et du strict conformisme.

Le psychodrame, débarrassé de son aspect purement thérapeutique, le « psychodrame pédagogique[2] » devient pur jeu de rôles et peut alors servir de véritable technique de l'expression spontanée. D'ailleurs, « l'effet de maturation que détermine la co-improvisation est plus du domaine de la pédagogie que de la psychothérapie[3] ».

L'essentiel est d'assurer pleinement le développement du jeu improvisé. L'improvisation, naturelle chez le jeune enfant, n'est plus innée chez l'adolescent et l'adulte qui adoptent des comportements de plus en plus stéréotypés. Mis en situation d'enseignés, au contact d'une langue étrangère, ils sont trop souvent conduits à imiter de nouveaux modèles.

Le jeu, la fiction, le « comme si » leur permettent d'échapper au réel, à la causalité, aux stéréotypes pour inventer, pour créer.

Pour les aider, on leur fera refaire le chemin inverse à l'éducation classique, réapprendre des gestes simples et en découvrir l'utilité. Pour développer leur spontanéité on s'attachera à les faire passer de l'improvisation brouillonne et anarchique à une spontanéité créatrice adaptée à des tâches, à des attentes, à des besoins réels.
Car l'improvisation a ses lois :

• *Le cadre matériel :* il peut être intentionnellement choisi ou laissé au hasard de l'improvisation. Pour la scène, il faut un espace de dimensions moyennes, circulaire, bien limité. Une table et une chaise feront le décor. Évitez la manipulation de matériel scénique (objets, costumes) trop important qui détourne vite les participants de la fonction essentielle du jeu.

• *Les participants :* de deux à huit, rarement plus de dix pour assurer la mobilité nécessaire et un minimum d'implication. Pour réduire les blocages, les inhibitions, on essaiera de grouper les acteurs par affinités, degré de maturité affective ou culturelle, niveau de langue. Le reste de la classe, l'audience, pourra être passif ou actif selon le thème choisi.

• *Le rôle :* à l'inverse des personnages de Ionesco qui ont un rôle mais qui évoluent dans des situations trop « stables » touchant à l'absurde, nous disposons d'un grand nombre de situations exploitables, mais nous ne donnons pas réellement à nos élèves l'occasion d'assumer un rôle.

1. Moreno : *Psychothérapie de groupe et psychodrame* (P.U.F.).
2. L'idée n'est pas nouvelle : les éducateurs jésuites s'en servaient déjà.
3. Moreno : *ibid.*

Le rôle est pourtant préexistant à la situation. Il ne suffit pas d'avoir une situation, un événement devant soi pour s'exprimer; on peut contempler la scène en toute neutralité si l'on n'a pas de rôle à y jouer. C'est d'ailleurs le plus souvent de la confrontation des rôles que découlent les situations de communication et d'énonciation. Le fait, pour un élève, d'avoir un rôle précis suppose déjà, s'il l'assume, tout un ensemble de positions dans sa relation aux autres, aux autres rôles, ensemble qui englobe la situation, les événements..., etc. Il pourra jouer soit son propre rôle, soit ceux de son entourage.

Mais ici, pas de textes de répliques, puisque l'élève aura à les inventer. Avec des débutants, on pourra cependant fournir, lors d'un travail préalable, des aides lexicales, des notions correspondant à des actes de parole (voir ce que l'on peut prévoir dans les exemples de jeux de rôles donnés à la fin de ce chapitre).

Le plus difficile n'est pas de déterminer le rôle mais bien de l'assumer, de le jouer.

Moreno pose le problème du conflit primaire rôle-personne. Pour assumer un véritable rôle, le sujet doit opérer certains choix dans sa personnalité, développer telle ou telle tendance jusque-là contrecarrée, hiérarchiser ses dispositions personnelles en les subordonnant au rôle au lieu de les subordonner à son idéal du moi.

Rien à voir avec le personnage, le personnage de méthode, le personnage des jeux de métiers qui ne peut faire vivre ce conflit tant ses comportements sont connus, prévisibles, stéréotypés.

« Le personnage, c'est un processus naturel semblable à la naissance d'un être humain », dit Stanislawski.

• **déroulement de la séance :**

– *choix du thème :* Le professeur aura une fonction directrice pour le choix du thème, car il aura constamment à l'esprit des objectifs linguistiques. La classe doit pouvoir discuter le projet, demander des informations complémentaires, modifier les rôles, ou les refuser si personne ne se sent impliqué. Mais un élève peut aussi proposer un thème qui lui est cher ou qu'il connaît bien. Le jeu commencera alors par une discussion préparatoire de groupe où élèves et professeur esquisseront les rôles ensemble.

– *attribution des rôles :* C'est d'abord aux élèves de choisir leur rôle. Cela ne va pas sans mal : celui qui a proposé le thème retenu s'attribue souvent le rôle principal, il y a des bons et des mauvais rôles... La répartition peut être source de conflit. Le professeur essaiera d'intervenir le moins possible, se réservant l'arbitrage final en cas de conflit prolongé.

– *déroulement du jeu :* Dans le jeu, la situation seule est précisée, elle est en principe fictive. Il faut, comme le souligne F. Debyser, éviter l'animation de scènes qui pourraient glisser vers le psychodrame, le professeur n'étant pas, de par sa formation, apte à contrôler certaines séquences dramatiques. On évitera de donner aux élèves des rôles qui pourraient éveiller en eux des souvenirs traumatisants.

Ce n'est pas toujours facile, le professeur ne connaissant pas le passé de chaque élève et il arrivera probablement que, au hasard d'une séance, un participant, revivant une scène connue ou vécue, particulièrement pénible, crée une situation psychodramatique. Il faudra alors intervenir pour neutraliser le drame en germe, replacer le rôle dans une perspective purement ludique ou le modifier radicalement pour rétablir la fiction et le jeu.

Cela dit, la hantise du psychodrame ne doit pas conduire le professeur trop prudent à proposer des rôles de pure composition, pour lesquels il suffirait d'imiter des modèles par trop stéréotypés (les éternels marchands, acheteurs, chefs de gare, touristes égarés sans oublier les concierges, agents de police, employés de toutes sortes, guides, grands-parents, oncles et tantes qui encombrent la classe de langue). Pour ne pas tomber dans le sketch de patronage, il faut éviter de confondre personnages et rôles : le guide est un personnage qui se comporte habituellement selon un modèle fixé une fois pour toutes, figé; juste un peu ivre, sa conduite est déjà moins prévisible et l'on passe alors du personnage au rôle.

Comme nous le disions précédemment pour l'exercice de dramatisation, improviser ici, consiste à inventer et à jouer une séquence, une suite d'actions et d'interactions qui s'enchaînent. Pour qu'un tel enchaînement soit possible sans texte préalable, sans scénario détaillé (pour qu'il y ait donc une réelle spontanéité-créativité), *il faut et il suffit que la situation initiale contienne en germe un déséquilibre.* Trop statique, la situation de départ conduira vite à un jeu théâtral formel, à la manière d'un jeu de métier.

Exemple de jeu de rôles :

LE RENDEZ-VOUS MANQUÉ.

On se bornera aux indications suivantes :

• description des rôles :

– jeune homme, cadre dans le vent, très occupé, un peu mondain;
– jeune femme assez élégante, un peu timide;
– barman de la Palette I, poli mais malicieux;
– patron de la Palette II, cherche à rendre service;
– jeune femme élégante, ressemblant étrangement à la première, très à l'aise, très enjouée.

• description de la situation de départ.

Le jeune homme a rendez-vous avec la jeune fille au bar de la Palette, vers 18 heures. A 18 h 30, il attend toujours. La conversation s'engage avec le barman qui lui apprend qu'il existe un deuxième bar du même nom dans un autre quartier. Le jeune homme appelle alors « La Palette II » et demande à parler à la jeune fille qu'il décrit avec le maximum de détails. Dans l'autre bar sont attablées deux jeunes femmes qui ont à peu près la même allure (vêtements et physique). L'une d'elles semble particulièrement impatiente.

Le déséquilibre sera introduit par une nouvelle ambiguïté : une femme, correspondant à peu près à la description donnée au téléphone, répond à l'appel du patron, va au téléphone et manifestement amusée par le quiproquo joue à l'amie attendue.

J.M.C.

LE MYSTÉRIEUX VISITEUR

Nombre de participants : 2.

Objectif linguistique : l'identification d'une personne au moyen d'adjectifs, de compléments déterminatifs et de constructions simples. Révision de la négation. Réponse à des questions.

Principaux actes de parole : questionnement – aveu d'ignorance – description d'identification.

Type de jeu : jeu de rôles.

Niveau : débutants (avec préparation linguistique), tout autre niveau (préparation linguistique non indispensable).

Situation : un directeur (par ex. cadre, chef de bureau) trouve sur sa table un mot : « Je reviendrai demain » avec une signature illisible. Il interroge la secrétaire. Celle-ci lui dit que c'est un visiteur qui a laissé ce mot mais il n'a pas dit qui il (ou elle) était (ou la secrétaire a oublié de le noter). Le directeur questionne la secrétaire et lui demande la description du visiteur pour essayer de savoir de qui il s'agit.

Matériel linguistique utilisable :
Le directeur :
« Comment était-il (elle) ?
Il n'a pas laissé son nom ?
Est-ce qu'il me connaît ?
Pourquoi voulait-il me voir ?
Était-il jeune, vieux, français, étranger bien habillé, gros, grand, petit, blond, chauve, etc. » Ou encore :
« Est-ce que ce n'était pas un vieux chauve
avec une petite moustache ?
(ou un grand brun avec des lunettes
un petit gros avec une barbe noire).
Qu'est-ce qu'il a dit ?
qu'il voulait ? etc. »
La secrétaire :
« Je ne sais pas...
Je ne me souviens pas...
Il n'a rien dit...
Il n'a pas voulu dire son nom...
Il était jeune, vieux, etc.
C'était un ... »
Description de l'habillement.
Détails divers : barbe, moustache, accent, lunettes, objets (il portait un chapeau haut de forme et des bottes en caoutchouc).
Modalisation : « Je crois
J'ai l'impression que c'était, etc. » (ex. un policier).

Préparation du jeu de rôles :
Faire imaginer avec précision la scène par le groupe.
A – Imaginer le lieu, quel genre de bureau, d'administration ou de société. Où ? en France ? à Paris ? ailleurs ? le décor – bureau du directeur, bureau de la secrétaire ? le moment de la journée.
B – Imaginer le directeur : nom, âge, sexe, etc. Attitudes : poli, courtois, autoritaire, pressé, impatient, etc.
C – Imaginer la secrétaire : nom, âge, etc. Attitudes : enjouée, énervée, amusée, ironique, blasée, etc.
Variantes possibles qui compliquent la situation au niveau des implicites, des sons entendus et des attitudes :

a) Le visiteur était une femme : la secrétaire pense que c'était une petite amie du directeur.

b) La secrétaire pense que le visiteur était un policier en civil qui venait se renseigner sur le directeur, lequel fait des affaires louches.

c) Le directeur pense que la visiteuse est une de ses petites amies, mais il ne veut pas le dire à la secrétaire.

Accessoires : Aménagement de l'espace. Aucun accessoire sauf si, dans la préparation du jeu de rôle, on donne une fonction importante à un meuble ou à un objet.

F. D.

TU CONNAIS LE FIANCÉ DE MARIE-CHANTAL ? (VARIANTE DU MYSTÉRIEUX VISITEUR)

Nombre de participants : 2 ou 3.

Objectif linguistique : L'identification et la description d'une personne au moyen d'adjectifs, de la modalisation des adjectifs (un peu, plutôt, assez, très, etc.) de compléments déterminatifs (de ... avec ...) et de constructions simples (avoir ... être faire...).

Principaux actes de parole : Questions sur un tiers et description de celui-ci (description physique, psychologique, sociologique) appréciations.

Situation : Deux amies de Marie-Chantal, Artémise et Cunégonde. Artémise apprend à Cunégonde que Marie-Chantal va se marier avec Anatole. Cunégonde demande à Artémise, qui a rencontré Anatole, qui il est, ce qu'il fait, comment il est, etc. Suivant le déroulement du jeu de rôles, Anatole pourra être aussi bien un garçon merveilleux, un prétendant grotesque, un marginal sympathique ou inquiétant, etc. On pourra également apprécier la chance ou la malchance de Marie-Chantal, et, dans ce dernier cas, dire, entre amies, que c'est bien fait pour elle.

F. D.

LA VALISE PERDUE

Nombre de participants : 2.

Objectif linguistique : L'identification d'un objet au moyen d'adjectifs et de compléments déterminatifs.

Actes de parole principaux : Description, réclamation et éventuellement protestation.

Type de jeu : jeu de rôles.

Niveau : Débutants (avec préparation linguistique).

Autre niveau : (Préparation linguistique non indispensable).

Situation : Un voyageur arrive à Paris (ou à Nice, etc.), il attend la livraison des bagages. Sa valise n'est pas là. Il va se plaindre au bureau des réclamations.

Matériel linguistique utilisable (à préparer avec des débutants).

A – Le voyageur : On a perdu (égaré)
J'ai perdu ma valise
Je ne trouve pas
C'est scandaleux
ennuyeux
désagréable !
inadmissible, etc.
incroyable.
Où est ma valise ?
Elle est en cuir...
C'est une valise en métal...
en carton...
en étoffe...

adjectifs : blanche carrée
rouge plate
noire etc...

2 adj. : grosse valise blanche
petite
grande

compléments déterminatifs :
en + matinée
avec un(e) poignée
des fermetures
numérale étiquette

Éléments phatiques :
Écoutez !
mais enfin !

B – L'employé : questions : « C'est à quel sujet ?
Comment est votre valise ?
Qu'est-ce qu'il y a dedans ?
Pouvez-vous décrire votre valise ? »
etc.

Préparation du jeu de rôles :
Faire imaginer avec précision la scène par le groupe :
A – Imaginer le lieu (ex. l'aéroport de Nice, de Paris, etc.)
le décor (ex. un bureau de réclamations)
l'époque (ex. période de vacances, été, hiver, etc.).
B – Imaginer le voyageur, lui donner une identité, nationalité, nom, âge, milieu social, profession éventuelle, etc.
Convenir du but du voyage (tourisme, affaire, travail, etc.).
Autres détails : ex. des étudiants néerlandais ont imaginé une « voyageuse », riche bourgeoise quadragénaire sans profession mariée à un fabricant de chaussures, arrivant au printemps à Nice pour passer des vacances sur la Côte-d'Azur et voyageant avec un caniche nain, détail qui a eu ensuite son importance dans le jeu de rôle, car le petit chien a uriné dans le bureau.

Attitude du voyageur : poli, en colère, dédaigneux, inquiet, plaignant, suppliant, menaçant, etc.

C – *Imaginez l'employé :* âge, niveau de responsabilité, physique.

Attitudes : aimable, empressé, poli, indifférent, agacé, blasé, méfiant, tatillon, bureaucrate, etc. Détails éventuels : fait des écritures, dort, mange un casse-croûte, lit les résultats des courses, une revue pornographique, etc.

Accessoires : aucun n'est indispensable : aménager l'espace (tables et chaises) comme un bureau. Placer éventuellement des cartons ou des paquets dans un coin pour représenter des bagages oubliés ou perdus.

Autres jeux de rôle en situation comparable :
le parapluie ou le chapeau perdu;
le manteau perdu.

Le manteau perdu permet un jeu de rôle plus subtil : le plaignant ment mais essaie de se faire donner un manteau neuf qui n'est pas à lui. En ce cas, le rôle de l'employé est plus actif, car il doit démasquer le tricheur en lui posant des questions pièges.

F. D.

LE TAPAGE NOCTURNE

Nombre de participants : 10 à 15

Objectifs linguistiques : libération de l'expression; mettre en œuvre des moyens linguistiques de l'argumentation de la plainte, de l'accusation, du désaccord.

Principaux actes de parole : relation de faits, plainte, protestation, désaccord, expression de jugements de valeur.

Niveau : moyen.

Situation : Dans une rue auparavant tranquille, des gens se plaignent du bruit et du tapage que font la nuit, jusqu'à une heure avancée, des jeunes gens qui fréquentent un café. Pour y voir clair, le commissaire de police a convoqué tout le monde : les plaignants, quelques commerçants de la rue, le propriétaire du café, la serveuse ou le garçon de salle, des voisins et trois ou quatre jeunes clients du café, la concierge de l'immeuble, etc.

Le commissaire fait parler un peu tout le monde à tour de rôle et *doit prendre une* décision à la fin du débat.

Préparation du jeu de rôles :
Faire imaginer la scène par le groupe : où se passe cette histoire dans une grande ville, une ville de province ? Qui sont les plaignants (jeunes, vieux ? de quel sexe ? rentiers, bourgeois, travailleurs ?) Quelle attitude ont-ils à l'égard des jeunes ?

Les jeunes, leur âge, leur attitude : ce qu'on leur reproche; sont-ils d'accord ? comment se défendent-ils ?

Le propriétaire du café, de quel côté, est-il ? Quel est son intérêt dans cette histoire ? etc. De même pour l'attitude de tous les autres personnages, y compris le commissaire. (Est-il sévère, rigide, conciliant, bon enfant, soupçonneux ?)

Donner des noms à tout le monde et au besoin, pendant le jeu, des cartons d'identification afin que les participants s'y retrouvent.

Décider ensuite de l'attribution des rôles et laisser un certain temps de préparation par petits groupes, par exemple les plaignants d'un côté, les jeunes de l'autre, le commissaire, le cafetier, la serveuse et la concierge dans un troisième groupe.

La seule consigne pour le déroulement du jeu est que le commissaire mène le débat et doit prendre une décision à la fin de la discussion.

F. D.

JEU DE LA VOYANTE

C'est un jeu de rôles à deux personnages, facile à organiser, qui a pour visée de créer une situation de communication et d'énonciation qui rend nécessaire et probable l'emploi des formes du futur (morphologie) pour parler de l'avenir à quelqu'un (pratique socio-discursive).

1) En partant de documents authentiques (horoscopes, journaux d'astrologie), on se donne un double objectif : recherche thématique d'une part, entraînement à l'emploi du futur d'autre part.

On distribue aux élèves quelques photocopies de coupures de presse reproduisant des prédictions, des horoscopes et annonces publicitaires de voyants ou de cartomanciennes : on choisira des textes simples et sans jargon ésotérique, visant le grand public.

Ces documents sont destinés à susciter un intérêt amusé et à stimuler l'imagination.

On pourra y faire quelques relevés sur les modalités de la prédiction : « Vous aurez de la chance », « Vous éprouverez des difficultés », « On vous aidera... » etc., et du conseil : « Évitez ceci, ne faites pas cela...

Vous avez intérêt à ... Vous risquez de ... ». On y trouvera aussi la thématique de la prédiction : « santé, amour, argent, réussite, famille, voyages, risques, accidents, maladies..., etc. » Il n'est pas question cependant d'étudier ces textes en détail, car il s'agit d'un discours assez différent de celui de la voyante que l'on va imiter par la suite : texte écrit, communication différée, nécessité de s'adresser à un public vaste et de lecteurs anonymes, impossibilité de personnaliser la prédiction, contraintes éditoriales, absence de feed-back sous forme de prédictions demandées par le consultant, etc.

Au niveau des emplois du futur, on verra plutôt employer le futur simple, à l'exclusion du futur périphrastique. Le futur, d'ailleurs, n'est pas un temps privilégié puisque le présent et l'impératif pourront apparaître aussi fréquents.

2) On monte un sketch à deux personnages, la voyante et le consultant : ce sketch pourra être une composition collective recueillant les suggestions les plus amusantes; il peut être aussi le résultat de travaux de groupes; en ce cas, on sélectionne le meilleur des cinq ou six sketches élaborés par des groupes restreints. Ce sketch est joué deux ou trois fois; on ne négligera pas d'utiliser quelques accessoires simples; une cape, un foulard de couleur, une paire de lunettes de soleil et quelques cartes à jouer permettent de faire d'une étudiante ou même d'un étudiant une voyante tout à fait présentable.

A ce stade, le sketch n'est guère plus qu'une dramatisation qui a pour but de créer la situation scénique, d'inviter la classe à jouer, et de la préparer à de nouvelles idées de sketches.

3) On procède ensuite, si besoin est, à quelques corrections syntaxiques ou à quelques élucidations sur l'opposition futur périphrastique/futur simple (proche) (éloignée).

L'ancrage précis de la situation d'énonciation du dialogue avec la voyante permet une bien meilleure intuition de la subtile différence sémantique entre les deux formes que dans les textes de manuels du type : « M. et Mme Dupont ont décidé cette année d'aller en vacances au bord de la mer; ils iront à la plage, se promèneront et feront des parties de pêche, etc. » ou encore : « Tout à l'heure, Mme Dubois ira faire les courses; elle achètera ceci et cela... » où le *temps de l'énonciation* flou et livresque ne peut donner lieu qu'à des questions et des réponses hors situation, scolaires et métalinguistiques.

Ce travail de réflexion portera sur des productions d'élèves, et un tri permettra de commenter des exemples tels que :
« Est-ce que je vais me marier avec ce garçon ?
Est-ce que je vais réussir ?
Vous allez recevoir une lettre.
Vous allez bientôt faire un voyage.
Vous allez avoir une grande surprise ».
et
« Est-ce que je serai heureux dans dix ans ?
Est-ce que je vivrai vieux ?
Vous vous marierez deux fois.
Vous aurez quatorze enfants. »

Au début, vous serez très malheureux, mais ensuite tout s'arrangera.

Dans les cas douteux, on discutera de la forme la plus adéquate ou de la nuance éventuelle d'effets de sens.

4) On procède enfin à des jeux de rôles improvisés, en encourageant les « acteurs » à multiplier les questions saugrenues, indiscrètes ou satiriques dans le rôle du consultant et les prédictions humoristiques dans le rôle de la voyante. Le jeu de la voyante sera alors l'occasion pour les participants d'émailler la simulation d'allusions fantaisistes ou réelles à leurs traits de personnalité et éventuellement de se moquer sans méchanceté les uns des autres.

Le jeu : Il se joue nécessairement par couple(s) voyante(s)-client(s), ce qui présente une certaine difficulté au niveau de la classe, un couple étant le plus petit « groupe » concevable d'élèves.

Il est possible, pour éviter de pulvériser la classe en couples, d'entourer chaque table de consultation d'un très petit groupe de spectateurs muets qui joueront à leur tour.

On admet que le client puisse poser des questions (au futur). On l'y encourage même afin de limiter le déséquilibre fondamental voyante/client.

L'avenir est dévoilé par la voyante à partir de cartes figuratives ou non figuratives (tous les styles intermédiaires restant possibles), le style figuratif semblant le plus approprié pour des débutants. Il peut être utile d'introduire dans un ensemble figuratif quelques cartes non figuratives qui se prêteront éventuellement à débloquer un discours parvenu dans une impasse.

Afin d'animer le client, on lui fera manipuler les cartes. Il peut les tirer une à une du paquet placé devant lui, ou bien retourner une à une un certain nombre de cartes alignées devant lui.

Il est nécessaire de limiter le nombre des cartes commentées en fonction du niveau des élèves. Quatre ou cinq cartes suffiront pour les débutants. Sept à dix au maximum dans tous les autres cas.

Pour varier le jeu, on pourra suggérer au « client » de ne pas se limiter à poser des questions sur son propre avenir, mais d'interroger également la « voyante » sur le destin des autres étudiants présents dans la classe – ou du professeur –, ce qui peut donner lieu à une complicité satirique entre les deux acteurs de jeu de rôle.

Techniquement, on peut enfin introduire dans le jeu des soutiens tels que le double (chaque acteur ayant un adjoint pouvant lui suggérer ou lui souffler certaines réparties), ou la fiche linguistique d'appui donnant certaines formes grammaticales utilisables dans le jeu.

De l'absence du futur périphrastique des publications spécialisées, on aboutira à une réflexion sur l'une des valeurs spécifiques de ce futur : l'avenir qu'il présente apparaît comme beaucoup moins certain, d'où son exclusion.

Le jeu peut aussi, par élargissement, servir pour des exercices sur d'autres temps, comme le présent ou le passé composé, puisque la voyante connaît aussi bien le passé du client.

F. D. - J. M. C.

LA PANNE D'ASCENSEUR

L'ascenseur, un des endroits les moins propices au dialogue quand il fonctionne, devient vite un huis clos bavard quand il tombe en panne.

Nous partirons de cette situation pour mettre en place un jeu de rôles pouvant se jouer à 5 ou 6 avec des adolescents ou des adultes.

Les rôles :
On essaiera de les faire trouver par les élèves. Il faut cependant les guider pour que, dans le choix même et donc dans la confrontation de ces rôles, apparaisse un conflit.

On pourra équilibrer rôles féminins et rôles masculins : 3 + 3 ou avoir un rapport 3 + 2. On notera, au fur et à mesure, les propositions des élèves, par exemple :

rôles masculins	*rôles féminins*
un monsieur très important	une vieille dame hystérique
un prêtre	une secrétaire de direction
un jeune homme un peu hippie	une jeune femme enceinte
un homosexuel	une jeune fille timide
un plombier	une infirmière chef
un livreur avec un paquet très encombrant	une religieuse
etc.	etc.

L'espace scénique :
Complètement fermé et très étroit (de la dimension d'une cage d'ascenseur) délimité par des chaises. A l'intérieur, on fera placer les participants debout sur des chaises rapprochées constituant la plate-forme de l'ascenseur.

La situation de départ :
On peut faire commencer le jeu par l'entrée des participants dans l'ascenseur. La panne arrive quelques secondes après.

On l'indiquera d'un geste de la main pour susciter à cet instant précis les premières réactions verbales :

– cris de la vieille dame
– affolement de la jeune femme enceinte
– appel au calme du monsieur important
– remarques techniques du plombier ou de l'infirmière.

Pour faciliter le démarrage du jeu, on pourra aussi décider du mode d'entrée en scène des participants :

– la jeune femme enceinte demande qu'on donne tout de suite l'alarme,

– ce que fait le livreur en s'éclairant de son briquet,
– la vieille dame demande au jeune homme d'arrêter de fumer, etc.

Matériel linguistique :
Pour le lexique, on se bornera à rappeler ce qui se rapporte au thème de l'ascenseur et de la panne :
– l'ascenseur est en panne, bloqué, coincé... au troisième, quatrième étage...
– c'est une panne d'électricité, une panne technique, il est en surcharge..., etc.
– il faut : appuyer sur le bouton d'alarme, donner l'alarme, éviter de fumer, de bouger...

Pour le reste, on peut s'attendre à ce que les participants aient surtout besoin des notions suivantes :

questionnement : « Qu'est-ce qui se passe ?
– C'est une panne (d'électricité) ?
– Qu'est-ce qu'il faut faire ?
– Qu'est-ce que nous allons faire ?
– Que faire ? »

conseil, mise en garde : « Si nous faisons ça, nous pourrons... ».

ordre, défense : – impératif (faites ça, ne faites pas ça).
– il faut + infinitif.

J. M. C.

LA SCÈNE DE MÉNAGE

Se joue avec de grands adolescents ou des adultes. Il est souhaitable d'avoir un public mixte.

Les rôles : mari et femme. On peut aussi prévoir une belle-mère ou un ami de la famille ou encore un enfant du couple. Après avoir déterminé les rôles, on invite les élèves à décrire les personnages, leur comportement, leur environnement.

Le mari : son âge, sa profession, son caractère, ses habitudes. Il est important en effet, pour le bon déroulement du jeu, de donner le maximum de détails. On voit la différence qu'il y aura dans l'interprétation des rôles entre un mari pharmacien, la cinquantaine, petit et difforme, réservé et timide, maniaque, sans vice connu et un mari représentant de commerce, la trentaine, sportif, bon vivant (peut-être alcoolique) coureur et décontracté.

La femme : même souci de détail dans la description. La femme travaille ou élève ses enfants; c'est une bonne mère de famille ou une femme légère; elle est compréhensive ou mégère et acariâtre; elle adore (respecte, vénère) son mari ou bien le prend pour un faible (un imbécile, une épave...).

Les relations du couple : qui commande à la maison, qui prend les décisions ? Les relations étaient-elles bonnes jusqu'alors ou depuis longtemps détériorées (disputes répétées) ? Fait-on attention au qu'en-dira-t-on, à la rumeur publique, à la présence de la famille ou vit-on rideaux ouverts ?

L'espace scénique : circulaire, délimité par des chaises, au centre de la classe. Deux chaises pour les participants et une table symboliseront le mobilier.

La situation de départ : elle doit porter en germe les sources du conflit. Celui-ci peut être causé par un reproche formulé par un des participants :

La femme au mari : lui reproche d'être encore rentré tard la veille, d'avoir découché, d'être ivre tous les soirs, d'être trop dur avec les enfants, de malmener sa mère, etc.

Le mari à sa femme : lui reproche d'avoir signé un gros chèque pour l'achat d'un manteau de fourrure, d'utiliser inconsidérément sa carte de crédit, d'être constamment partie, d'avoir un amant, de ne pas s'occuper de la maison et des enfants, de faire de la cuisine fantaisiste, etc.
Mais le conflit peut naître également d'une discussion qui tourne progressivement à l'aigre-doux puis à la dispute. Thème : le choix d'une chaîne de télé – l'achat de mobilier ou d'électro-ménager – l'éducation des enfants – les élections municipales – le programme des prochaines vacances, etc.
Il se peut aussi que la dispute parte d'une question posée par l'un des participants :
– T'aurais pas vu mes pantoufles ?
– Y a plus de sucre ?
– C'est toi qui as bu la dernière bouteille de Whisky ?
Enfin le point de départ peut être non verbal :
Mari rentrant débraillé et ivre
Bruit de vaisselle cassée, etc.

Matériel linguistique :
Si le niveau de la classe l'exige, on peut prévoir avant le déroulement du jeu, un travail linguistique préparatoire. Le lexique sera largement tributaire du thème de la dispute, mais il faudra que les participants disposent d'un bon stock d'injures. Elles peuvent aller du traditionnel « imbécile ! » à des expressions plus imagées et plus violentes utilisant volontiers des noms d'animaux[1] « vieille vache !, peau de vache !, langue de vipère ! »
Il peut être utile aussi de réfléchir avec les participants aux pratiques socio-discursives qu'englobe la scène de ménage :
– reproche (verbal ou non)
– engueulade

1. Contrairement aux noms affectueux (animaux domestiques de petite taille), on utilisera plutôt ici de gros animaux domestiques ou des animaux sauvages.

– contestation (d'où dispute)
– sanction (éventuellement, verbale ou non)
– excuse-supplique
– pardon ou rupture.

Ce sont là des points de repère à partir desquels les participants se fabriqueront leur propre itinéraire. La littérature, même la plus classique, peut fournir de bons exemples sur lesquels on travaillera à cette recherche d'itinéraires discursifs[1].

J. M. C.

SIMULATION. ÉTUDE DE CAS

Comme nous l'avons fait remarquer au début de ce chapitre, les études de cas ou les simulations sociales ont à la fois les caractéristiques d'un jeu et celles d'une simulation. L'activité proposée implique l'interaction des participants dans un environnement reconstruit qui cherche à recréer certains aspects de la réalité sociale.

Les participants vont avoir à assumer le rôle d'individus ou de groupes agissant dans le système social particulier qui est simulé. Leurs objectifs seront donc les mêmes que ceux de personnages réels. Dans l'exemple présenté à la fin de ce chapitre, les élèves simulent la nomination d'un responsable de foyer socio-éducatif. L'objectif est donc une sélection de candidats, puis une prise de décision. La composition du comité de sélection n'a pas été précisée. On semble supposer que tous les participants ont à l'origine les mêmes ressources, le même pouvoir et que la décision dépendra de leurs qualités personnelles, de leur aptitude à convaincre. Cela simplifie les modes d'interaction entre participants et favorise une plus grande liberté d'expression. Dans le cadre de simulations plus complexes, les participants devront, pour atteindre leur objectif, disposer de ressources, d'un pouvoir, d'une représentativité définis à l'avance. La façon d'utiliser ces ressources (de les mettre en commun par exemple avec d'autres, de s'approprier celles des autres) déterminera des comportements et donnera l'occasion aux participants d'expérimenter leur succès ou leur échec dans la poursuite de l'objectif fixé. La distribution de ressources propres permettra également de décrire les modes d'interaction entre participants. (L'entretien qui précède la sélection des candidats est dirigé par un président de séance donnant ou reprenant la parole. Il peut avoir un rôle important à jouer dans la prise de décision finale).

Bien sûr, la plus élaborée des simulations de ce type ne rendra pas toute la complexité (règles implicites, mal définies ou non reconnues) du système social simulé : il y aurait beaucoup trop de variables avec lesquelles composer. Il faut donc simplifier et n'extraire

1. CORNEILLE : *Le Cid* (acte III, scène III); MOLIÈRE : *Le Bourgeois Gentilhomme* (acte III, scène III); *Le Misanthrope* (acte II, scène I). SHAKESPEARE : dans *Hamlet*, scène entre Hamlet et Ophélie; dans *Les Joyeuses Comères de Windsor*.
On trouvera également de bonnes scènes de ménage dans le théâtre de Courteline, Feydeau, Pagnol et, plus actuel, dans celui de Ionesco *(Amédée)*, Anouilh, Sartre *(Huis-clos)*, Arrabal, *Qui a peur de Virginia Woolf?* d'Edward Albee.

que les aspects essentiels de l'environnement social le plus typique. C'est pourquoi les lettres de candidatures et les lettres de références[1] données en annexe dans la simulation proposée par G. Brossàrd peuvent paraître parfois caricaturales.

Après ces généralités, il nous faut essayer de voir fonctionner une simulation de l'intérieur. Ceci nous permettra d'en construire de nouvelles avec les élèves.

La démarche est en quatre ou cinq temps :

• *Se déterminer des objectifs :* essentiel pour éviter de tomber dans le travers du jeu bouche-trou !... L'objectif initial, c'est avant tout l'apprentissage de comportements sociaux, mais, dans notre perspective d'enseignement du français langue étrangère, nous en ferons un simple prétexte. C'est en passant par des comportements sociaux comme la communication, la coopération, la compétition, la prise de décision que l'élève se familiarisera avec la langue. Notre objectif essentiel reste donc linguistique.

Nous pouvons d'ailleurs faire l'inventaire des éléments linguistiques dont l'apparition est prévisible avec la simulation proposée par G. Brossard. Il est à peu près certain que la discussion des candidatures obligera les élèves à utiliser la comparaison :
– Dubois a l'air très sérieux, mais il est assez âgé.
– Rodriguez est plus jeune, il a moins d'expérience.
– Matteoni est à peu près du même âge que Le Groignec, mais il est gardien de prison et ça ne l'avantage pas.
– Rouzeau a l'air très autoritaire, etc.

D'autre part l'imitation de comportements sociaux typiquement français va mieux faire sentir à l'élève les différences avec son propre système : démarche empirique mais active qui facilitera par la suite l'enseignement de faits de civilisation. Les données, nécessaires à la construction de la simulation, ici : fiches de candidatures, lettres de référence, notices confidentielles sont autant de précieuses indications, pour un travail ultérieur plus systématique.

• *Réunir des données :* dans la construction d'une simulation type étude de cas, il faut identifier clairement les participants, fixer leur(s) objectif(s) et les moyens qui permettront de les atteindre. Les élèves devraient pouvoir participer à ce travail préparatoire. Il faut alors leur donner les informations de base concernant la structure de la simulation et toute la documentation qui leur permettra de mieux comprendre le phénomène social abordé.

Les sources d'information ne manquent pas. On puisera largement dans les média les plus courants : presse écrite, bulletin officiel, circulaires, affiches, lettres, papiers d'identité, ... et, bien sûr, ouvrages de vulgarisarion ou études plus théoriques sans oublier

1. Un exemple de simulation-étude de cas : « un foyer socio-éducatif » est présenté plus loin par G. Brossard.

l'expérience personnelle, celle du professeur qui pourra jouer l'informateur. La compilation de tous ces documents débouchera sur la rédaction de fiches descriptives fournissant toutes les données utiles à l'identification des participants, leurs objectifs et leurs ressources. (On peut y ajouter en complément, des études de cas traitant d'une façon différente le même problème.)

G. Brossard prévoit un travail de synthèse par groupes pour la rédaction des fiches de candidature. Le professeur fournit les lettres manuscrites des candidats, en général assez longues et diffuses. Les élèves doivent en tirer les données essentielles pour la rédaction des fiches. On aurait pu faire faire le même travail sur la recherche d'un profil de candidature à partir de données ayant trait à l'environnement (habitants, habitat, équipements sociaux, moyens de communication...) et à l'équipement du foyer. La prise de décision finale en aurait gagné en réalisme, mais l'apport de données nouvelles multiplie les étapes préparatoires et allonge l'exercice.

• *Construire un modèle :* la construction du modèle se fait à partir des éléments suivants :
– les participants et leur(s) objectif(s),
– les ressources propres aux participants,
– les modes d'interaction.

Le fait qu'un acteur soit essentiel pour rendre le modèle opératoire n'implique pas nécessairement que son rôle soit joué par un élève. Il peut être inclus dans le modèle. C'est le cas dans la première partie de notre exemple de simulation.

Les candidats, essentiels au déroulement de la séance, sont présents par lettre interposée. Leur rôle n'est pas joué par les participants. Il le sera plus tard. On aurait pu imaginer dès le départ une situation d'interview, mais il faut essayer de réduire au maximum le nombre des participants pour que le modèle puisse fonctionner. Leurs tâches et leurs objectifs doivent être ensuite clairement établis :
– les secrétaires rédigent des fiches de candidature, en sélectionnent six, nomment un comité de sélection de six membres dont un président et un secrétaire de séance, réunissent un dossier complet comprenant des notes confidentielles, des lettres de référence, établissent un questionnaire guide pour l'entretien, rédigent la lettre de nomination;
– les concierges, garçons de café, anciens collègues... ainsi que les curés, anciens patrons, hautes personnalités... jouent le rôle d'informateur;
– le comité de sélection se réunit pour examiner les dossiers, en retenir trois, nommer un président et un secrétaire, s'entretenir avec les trois candidats retenus, délibérer à huis clos, nommer un candidat;
– les candidats fournissent les renseignements demandés, participent à l'entretien avec le comité de sélection (trois).

Il faut ensuite distribuer les ressources. La tâche est simple quand il s'agit de ressources purement matérielles : argent, objets; elle est plus complexe pour des ressources intangibles : réputation, statut social, etc. Au niveau même des rédacteurs, il peut y avoir tout un jeu d'influences. Si des complicités se nouent, on arrivera à favoriser certains candidats, à en écarter d'autres (lettre au panier, rédaction tendancieuse...). Qui croire parmi les informateurs ? La haute personnalité ou la concierge... ? Le comité de sélection va-t-il voter à main levée, à bulletin secret? Quel est le pouvoir de chacun de ses membres? A quelle majorité sera prise la décision finale ? Autant de détails qui, s'ils ne sont pas inclus dans le modèle, feront problème dans le déroulement de la séance et devront de toute façon être réglés soit par l'ensemble des élèves, soit par un groupe d'élèves observateurs, soit par le professeur. Il en sera de même pour les modes d'interaction entre participants. Le comportement de chaque individu ou groupe impliqué dans ces activités sociales est régi par un ensemble de règles (lettres de candidatures, renseignements d'ordre confidentiel, procédures de sélection, élection d'un président, entretien, ...). Il faudra en retenir les plus caractéristiques, en réduire la complexité pour les inclure au modèle.

• *Fabriquer le matériel :* le modèle décrit, il reste à le matérialiser par un scénario; des fiches décrivant les rôles, les règles et fournissant toutes les données du problème.

Le scénario doit être suffisamment détaillé et clair pour que les participants comprennent rapidement la situation de départ. Pour qu'ils s'y sentent vraiment impliqués, il faut qu'il soit aussi suffisamment réaliste.

Enfin tous les participants doivent être familiarisés avec les règles de base. Elles sont de deux ordres :
– celles qui définissent des contraintes au niveau des comportements, des codes d'interaction (le comité de sélection nomme son président; le comité choisit de s'entretenir avec trois candidats; il délibère à huis clos, etc.);
– des règles administratives qui déterminent par exemple la longueur de chaque phase de la séance, le temps consacré à la simulation elle-même et aux travaux préparatoires.

Le matériel doit être simple, si possible authentique et d'accès facile. On ne retiendra que l'essentiel de façon à éviter de noyer les élèves de lectures ennuyeuses qui leur rappelleraient par trop un exercice scolaire traditionnel.

• *Évaluer :* c'est un aspect important de la séance. Le repousser complètement à la fin, c'est se priver de la possibilité de modifier certaines règles, d'infléchir les rôles, de rectifier des données fausses, de redistribuer des ressources usurpées.
La possession d'un équipement vidéo, par un travail d'observation différée, pourra faciliter l'évaluation en cours de simulation. Mais le même travail peut être fait par un groupe d'élèves (de 2 à 4) placés dès le début en position d'observateurs.

J.-M. C.

LE CONSEIL MUNICIPAL

Nombre de participants : un peu plus d'une dizaine.

Objectifs linguistiques : exposé d'un problème, argumentation, débat, accord, désaccord, emploi des moyens linguistiques nécessaires à l'expression des relations logiques. Expressions déontiques (on doit, on ne doit pas, il faut, etc.); moyens linguistiques de la prise de décision.

Niveau : moyen ou avancé avec préparation orale et écrite et travail préalable sur documents authentiques et fabriqués. Information de civilisation indispensable.

Situation : Un conseil municipal se réunit pour prendre une décision soit pour traiter un incident qui trouble ou dérange la collectivité, soit pour accepter, refuser ou modifier un projet (urbanisme, investissement, problème de voierie, etc.) par exemple :
– Une chaîne d'hôtels veut installer une station de ski dans un village savoyard;
– Sur une plage bretonne, des estivants pratiquent le nudisme : d'autres estivants pudibonds ou des habitants de la commune se sont plaints;
– Un vieux quartier insalubre mais historique doit-il être détruit pour installer à sa place un ensemble commercial et des bureaux?
– Un mouvement écologiste a dénoncé la pollution que provoque une usine qui donne du travail à la moitié de la population active de la commune. Mais le patron de l'usine menace de fermer son entreprise et de la réinstaller ailleurs si on l'oblige à procéder à des aménagements antipolluants trop coûteux.

Préparation : le conseil municipal peut se jouer en jeu de rôles ou en simulation. En jeu de rôle fantaisiste on pourra improviser ou préparer à peu de frais une situation à la Clochemerle : faut-il ou non ériger un urinoir sur la place du Marché ou laisser s'ouvrir un sex-shop devant l'église? Dans ce cas la préparation sera comparable à celle qui est proposée pour le tapage nocturne. Si l'on prépare plus sérieusement une simulation du conseil municipal le travail préalable et le matériel documentaire seront beaucoup plus importants et comparables à ceux que propose G. Brossard pour le Foyer socio-éducatif; l'information en civilisation sera aussi importante que la préparation linguistique proprement dite : qu'est-ce qu'une commune, rôle du conseil municipal, rôle du maire, attributions du conseil, etc.

Toutefois ce travail qui se rapproche de celui auquel donne lieu une étude de cas, ne devra pas faire oublier l'importance de la préparation psychologique et scénique : imaginer le conseil municipal, ses membres, leur âge, leur métier, leur caractère, etc.

F. D.

Exemple de simulation « Un foyer socio-éducatif »

Cet exemple s'inspire de celui cité par Tansey and Unwin dans *Simulation and Gaming* in *Education* (Methuen).

BUT DU JEU
Nommer un responsable de foyer socio-éducatif dans un grand ensemble urbain français.

MATÉRIEL
Un dossier qui sera préparé en classe pour être remis aux membres du Comité de sélection.
Il peut se composer de :
1 fiche de candidature,
1 lettre de référence,
1 fiche confidentielle de renseignements obtenus auprès de la concierge, des services de police, de la justice, des directeurs d'école, de lecteurs d'université, etc.
1 jeu de questions possibles pour la conduite de l'entretien.

DÉROULEMENT DU JEU
1° Publicité
Des affiches, des petites annonces, des circulaires officielles sont préparées en classe. Il s'agit de faire connaître l'existence et la nature du poste offert et de procéder à l'appel des candidatures.

Ce moment du jeu peut être l'occasion d'un excellent exercice de comparatisme entre les différents styles de petites annonces dans des journaux quotidiens, hebdomadaires, à grand tirage, spécialisés, etc. et, aussi, dans divers « supports » comme la circulaire officielle et une petite affiche.

2° Constitution du dossier
Travail en groupe, soit en classe, soit ailleurs.
a) Les étudiants deviennent secrétaires : ils doivent mettre sous forme de fiche pratique à utiliser lors de l'entretien le contenu des lettres de candidature.

Celle-ci peut se présenter ainsi :
Nom - Prénom,
Date et lieu de naissance,
Nationalité,
Adresse,
Domiciles précédents,
Situation de famille,
Nom et âge des enfants,
Qualifications professionnelles,
Fonctions actuelles,
Poste ou fonction précédemment occupé,
Antécédents médicaux,
Activités extra-professionnelles,
Religion (facultatif),
Motifs de la candidature.

Ici, le texte de la lettre sera reproduit fidèlement, ceci pour donner plus de vraisemblance au jeu.

Trois modèles de fiches sont reproduits plus loin.
b) Un comité de sélection est nommé : 6 étudiants; un président et un secrétaire de séance. Ces nominations peuvent être faites par le professeur ou, plus démocratiquement, par les étudiants eux-mêmes. Ces 6 étudiants cessent de participer au jeu jusqu'au moment de l'entretien ou de la préparation de celui-ci en comité.
c) Le reste des élèves, après avoir examiné les lettres de candidature, retiennent six lettres seulement. Le choix du critère de sélection est laissé au professeur qui pourra peut-être simplement guider l'ensemble du groupe : aisance à s'exprimer, originalité des réponses, enthousiasme naturel de tel candidat, etc.
d) Les lettres et fiches de candidature sont remises aux étudiants dont la candidature n'a pas été retenue.
Ceux-ci se répartissent en trois sous-groupes pour :
1 - rédiger des notes confidentielles sur chaque candidat retenu.
Faits très précis donnés par une concierge, le garçon de café du coin, des collègues de travail, un extrait de casier judiciaire, appréciation d'un ancien patron, dossier militaire, universitaire, etc.
2 - écrire une lettre de référence, naturellement très louangeuse. Les étudiants peuvent ici décider d'eux-mêmes quel rôle ils vont jouer : ancien patron, curé de la paroisse, haute personnalité, etc.
3 - préparer, à l'intention du comité de sélection, quelques questions qui serviront à préciser les idées sur la manière de voir le travail, à évaluer leur aisance à s'exprimer, leur sens de l'observation, leur sens pratique. Certaines de ces questions peuvent n'avoir qu'un lien très éloigné avec la fonction proposée.
e) Le comité de sélection (6 étudiants déjà nommés) se réunit pour examiner les dossiers et ne retenir que trois candidats pour l'entretien, et désigner un président de comité.

3° L'entretien proprement dit
Le président préside effectivement. Il donne la parole ou la reprend, fait passer des notes aux autres membres du comité pour leur demander de poser telle ou telle question ou de faire faire au candidat quelque chose comme : continuer des mots croisés déjà commencés ou une partie d'échecs ou de dames, résoudre un petit test psychologique, jouer avec un jeu éducatif un peu compliqué, répondre à une question posée à voix très basse pour évaluer la capacité auditive du sujet, lire à haute voix un passage de roman très difficile *(La route des Flandres)*, un poème d'Apollinaire, un article de journal manifestement pas écrit pour la lecture à haute voix...
Un seul candidat assiste à l'interrogatoire, de sorte que les autres ne pourront pas entendre ce qui a été dit. Les étudiants non sélectionnés n'assisteront pas à cet entretien, seul le professeur sera présent. La caméra vidéo pourrait trouver ici toute son utilité ou même simplement le magnétophone.

4° La décision
Le comité délibère en secret puis annonce la décision finale. De même pour un travail d'exploitation ultérieure, la caméra vidéo serait ici un précieux auxiliaire.

Le secrétaire peut avoir à rédiger une lettre annonçant à l'heureux élu son succès.
La longueur de cette phase dépendra de l'intérêt des étudiants et de la nature des points linguistiques à enseigner.
Les exemples suivants ne sont donnés que pour illustrer la démarche pédagogique. Il ne saurait être question de s'en servir comme modèles utilisables en classe de langue.

Exemples de FICHES DE CANDIDATURE, de LETTRES DE RÉFÉRENCE, de NOTES CONFIDENTIELLES

1° DUBOIS Paul, Joseph, René.
Né le 17-9-1920 à Montaigu (Vendée).
Français.
10, rue des Fleurs à Montaigu (Vendée).
A toujours habité à cette adresse.
Marié - 2 enfants.
Cécile : 20 ans et Anne : 16 ans.
Lycée Édouard-Herriot à La Roche-sur-Yon - 1930-1938.
E.S.S.E.C. Paris - 1940-1943.
Massachussett's Institute of Technology - 1949-1951.
Directeur commercial d'une société de travaux publics (STPN : 550 employés).
20, quai Moncousu à Nantes (Loire-Atlantique).
Directeur commercial - Responsable du marketing dans plusieurs sociétés.
Aucun.
Chef de troupe scoute - Membre du Comité paroissial (Saint-Jacques - Montaigu).
Catholique.

Je me suis toujours intéressé aux jeunes et j'ai toujours été préoccupé par le problème de leurs loisirs. Depuis l'âge de douze ans, j'ai toujours été associé à des mouvements de jeunesse tels que scoutisme, Action Catholique (J.C.I.). Actuellement, je suis toujours chef de troupe scoute et chaque semaine, nous avons des réunions au cours desquelles les adolescents peuvent aborder les problèmes qui les concernent particulièrement : leur place dans la société, leur avenir, les carrières, l'assistance aux personnes défavorisées, etc. Ces réunions sont toujours complétées par des travaux techniques : lecture de carte, secourisme, navigation, mécanique, travail sur bois, assemblages...

Au cours de mes études, je me suis toujours occupé de mouvement de jeunesse et j'ai aussi été élu délégué syndical au sein de l'U.N.E.F.

Actuellement, je suis secrétaire de la section locale de mon syndicat de cadres et je suis responsable du Foyer du Personnel créé, à mon initiative, par le Comité d'Entreprise.

Ce poste de directeur de foyer socio-éducatif m'intéresse tout particulièrement. Je ne peux désormais espérer de promotion dans mon entreprise. J'aimerais pouvoir consacrer tout mon temps à une telle tâche et faire profiter des plus jeunes de mon expérience acquise au contact de jeunes gens et aussi d'adultes dans mon entreprise et dans le foyer que j'y dirige.

2° ROUZEAU Hélène.
Née le 4 mai 1932 à Saint-Denis (Seine-Saint-Denis).
Française.
8, quai de la Fosse - Nantes.
22, rue Saint-Pierre - Cholet (49).
Mariée.
Diplôme d'État d'infirmière - P.C.B.
Infirmière-chef au C.H.U. de Nantes depuis 1968.
Hôpital militaire d'Instruction Percy-Clamart - 1952-1954.
Hôpital Maillot - Alger - 1954-1968.
Excellente santé.
Sport.
Aucune.

Après vingt-trois ans de service dans des hôpitaux militaires et civils, j'ai atteint le sommet de ma carrière. Je souhaite changer d'activité et je crois que je peux beaucoup apporter à des jeunes du fait de ma longue expérience du monde militaire dans des situations particulièrement difficiles lors des opérations de notre armée en A.F.N. Je me suis également occupée, avec une assistante sociale, de la réinsertion de grands blessés dans leur vie professionnelle ou familiale. Avec cette même assistante sociale, nous avons créé un petit centre d'accueil pour soldats récemment libérés qui ne pouvaient trouver d'emploi.

Enfin, n'ayant pas de famille, mon mari et moi n'avons aucun problème financier, et je suis même prête à considérer une diminution de mes revenus.

3° LE GROIGNEC Yann.
1-8-1943 à Lannilis (Finistère-Nord).
Français.
1, rue de la Closserie Rèze-lès-Nantes.
20, rue de la Fonderie - Landerneau.
Célibataire.
Diplômé du C.R.E.P.S. de Rennes.
Professeur d'Éducation physique au C.E.S. de Lambezellec.
Aucun.
Sport sous toutes ses formes - surtout sport d'équipe.
Catholique - non pratiquant.

L'éducation des enfants et des adolescents m'a toujours passionné. C'est la raison pour laquelle j'ai choisi cette profession. Également, je suis convaincu que les activités sportives contribuent à l'épanouissement de la personnalité et facilitent la rencontre des jeunes avec les adultes.

Je suis enseignant depuis plusieurs années et je sens qu'un changement de travail me redonnerait un nouvel élan. Toutefois, je tiens à préciser que je désire par-dessus tout garder le contact avec des jeunes et les aider dans leur formation personnelle.

Si ce poste m'était accordé, j'organiserais des rencontres jeunes-adultes soit pour débattre des problèmes de chacun, soit pour assister à des spectacles suivis de discussion. Ces rencontres pourraient être aussi d'ordre sportif. Je m'efforcerais de donner aux jeunes de ce centre l'occasion de fréquenter des adultes sans que ceux-ci aient une attitude directive ou autoritaire.

Dans mon établissement, je suis responsable de la section Sports.

LETTRES DE RÉFÉRENCE

DUBOIS Paul
M. DUBOIS a été un modèle pour tout le personnel de notre entreprise. Sa compétence professionnelle est indiscutable et M. DUBOIS a été particulièrement précieux à cause de la très grande facilité avec laquelle il sait créer le contact à tous les niveaux de personnel. Le Foyer du personnel est véritablement son œuvre et cette institution est l'orgueil de notre maison.

Sans aucun doute, M. DUBOIS réussira dans cette nouvelle tâche. Nous regretterons tous son départ de notre maison.

J. CREGUER,
P.D.G. de la S.T.P.N.

ROUZEAU Hélène
Mme ROUZEAU a toujours fait preuve de très grande efficacité et de beaucoup de dévouement pendant ses heures de service et aussi en dehors. Ses connaissances médicales lui ont mérité les postes de responsabilité qui lui ont été confiés. Malgré une apparence autoritaire, Mme ROUZEAU a toujours su se faire accepter de son personnel et n'a jamais eu de problèmes de discipline.

Professeur Agrégé LAUFER,
Chef du service Dermatologie
C.H.U. Nantes.

LE GROIGNEC Yann
Le niveau sportif de cette maison a très nettement remonté depuis l'arrivée de M. Le Groignec. Ses élèves ne montrent aucune réticence à participer aux différentes manifestations sportives. Plusieurs équipes ont été constituées (football - rugby - basket-ball) et ont remporté de nombreux matches.

M. Le Groignec est un travailleur infatigable et son sens du contact humain est particulièrement remarquable.

M. LANDRY,
Principal.

NOTES CONFIDENTIELLES

DUBOIS Paul
Récemment condamné pour excès de vitesse : suspension de permis.

ROUZEAU Hélène
Connue pour son soutien à l'O.A.S. - A distribué de nombreux tracts

de soutien à l'Algérie française - A été gardée à vue par la police lors d'un voyage en France.

LE GROIGNEC Yann
Membre d'un mouvement autonomiste breton - A été particulièrement surveillé par la police lors de la visite du Premier ministre.

Pour mémoire :
Le dossier de chaque candidat se compose :
de la fiche de candidature,
de la lettre de référence,
des notes confidentielles.
Ces trois éléments ont été dissociés pour des raisons d'ordre pratique.

G. BROSSARD.

SIMULATIONS PRÉCONTRAINTES

Contrairement aux simulations sociales complexes pour lesquelles il est difficile de prévoir tout le matériel linguistique mis en œuvre, ce type de simulations sera fortement déterminé par des objectifs linguistiques, voire grammaticaux. On partira donc de points de morpho-syntaxe ou d'actes de parole pour dresser l'inventaire des situations de communication à simuler.
Exemples :

• *la négation :*
Simulation : l'interrogatoire de police. Personnages : un commissaire, M. X, accusé du meurtre de Y mais innocent.

Le commissaire pose des questions à l'accusé qui nie systématiquement :
« Vous connaissez Y ?
– Non, je ne le connais pas.
– Vous l'avez déjà rencontré ?
– Non, je ne l'ai jamais vu.
– Cette arme, c'est bien la vôtre ?
– Non, ce n'est pas la mienne... », etc.

• *le futur simple*
Simulation : la futurologie.

Chaque élève est futurologue : On peut dresser une thématique de la futurologie, constituer des équipes :
– habillement
– nourriture-alimentation
– transports
– loisirs-travail, etc.
et fournir des documents illustrant le sujet :
– articles traitant de futurologie
– extraits de romans de science-fiction
– photos, BD, dessins.

On présentera rapidement la futurologie : science du futur en donnant quelques exemples : citer Jules Verne que les enfants connaissent assez bien et *Le meilleur des mondes* d'Huxley. On proposera ensuite les constantes morpho-syntaxiques du discours sur le futur :

	il y	aura...
Ex. En l'an 2000	on	fera... ça
dans dix ans...	nous	aurons... ça
vingt	les choses	seront... comme ça

Les élèves se mettent en situation de *Brain-storming* (voir les consignes à utiliser dans le chapitre suivant) soit en groupes, soit individuellement. Le travail d'imagination commence, chacun propose le maximum d'idées. Ce travail de « prospection » peut être suivi d'un travail d'évaluation.

On regroupe par thèmes les différentes propositions faites pour porter cette fois des jugements de valeur, accepter collectivement certaines propositions, en refuser d'autres (c'est vraisemblable, probable, impossible... etc.)

• *le subjonctif*

Simulation : accident de la circulation. Un personnage debout : M. Dupont, un autre blessé, M. Dupont vient de provoquer un accident.

Le professeur demande alors à la classe, ce que fait M. Dupont.
Les réponses possibles sont du type :
« Il appelle l'ambulance.
– Il attend la police.
– Il téléphone à... »

Ces réponses peuvent être formulées de la façon la plus simple, sous forme d'affirmatives, ou encore avec le verbe devoir + infinitif si les élèves connaissent déjà cette construction. Le professeur n'intervient que pour améliorer des formulations maladroites.
Exemple : ÉLÈVE ITALIEN : – *Il avertit l'assicuration,*
Exemple : PROFESSEUR : – *Oui, bonne idée, il avertit l'assurance.*

Dès qu'il dispose de deux ou trois suggestions plausibles, le professeur réutilise le matériel fourni par la classe et donne la construction clé :

Par exemple : il faut qu'il attende la police et pratique quelques brefs exercices de contrôle de la transformation, sur tous les exemples déjà fournis par la classe.

Ensuite, il demande d'autres matériaux à la classe, en utilisant cette fois, *il faut que :*
PROFESSEUR : – Maintenant, donnez-moi d'autres idées.
Qu'est-ce qu'il faut qu'il fasse ?

Les réponses des élèves peuvent s'insérer dans la liste commencée précédemment et constituer, avec l'aide du professeur (notamment pour l'emploi du subjonctif) allonger le paradigme :
« Il faut qu'il téléphone à sa femme.
– Il faut qu'il prévienne les gendarmes.
– Il faut qu'il aide le blessé. », etc.

Il faut alors obtenir des réponses inattendues, fantaisistes ou ironiques, du type :
« Il faut qu'il se sauve.
– Il faut qu'il se batte avec l'autre conducteur[1]. »

Il convient d'utiliser également ce matériel qui sera abondant avec des adultes et permet à la classe de s'amuser et aux élèves pince-sans-rire de travailler sans en avoir l'air. Ou bien, en effet, on acceptera ces réponses avec le sourire, ou bien on les utilisera à des fins structurales. Ainsi les exemples cités permettent de passer à la forme négative par le jeu professeur-élèves.

ÉLÈVE X : – Il faut qu'il se sauve.
PROFESSEUR : – Il faut qu'il se sauve ? Vous êtes sûr ?
ÉLÈVE Z : – Non !
PROFESSEUR : – *Non, il ne faut pas qu'il se sauve !*

A la fin de ce premier exercice, le professeur reprendra, au besoin par écrit et au tableau, les 5 ou 6 exemples les mieux venus et les plus usuels présentant de façon graphique et phonétique une marque de subjonctif différente de la forme indicative. Il pourra à ce moment donner l'indication usuelle selon laquelle le thème du subjonctif est semblable, sauf quelques exceptions, à celui de la troisième personne du pluriel de l'indicatif.

• *les noms de pays*[2]
Simulation : l'agence de voyages

On répartit les élèves en employés d'agence de voyages et en futurs touristes à la recherche d'un projet de vacances.

Chaque employé se choisit deux ou trois pays pour lesquels il doit mettre au point deux ou trois programmes différents :

« Allez en Angleterre en ferry. Nous avons un séjour d'une semaine pour moins de 1 000 F, tous frais compris. Vous pourrez passer deux jours à Londres, deux jours en Écosse et deux jours au Pays de Galles...
– Pour le Canada (ou au Canada) nous vous proposons...
– Si vous voulez visiter les États-Unis cet été... »

Les élèves touristes circulent entre les tables représentant les diverses agences de voyages concurrentes, posent des questions pour obtenir le maximum de renseignements.

« Et en Égypte, est-ce que vous avez quelque chose ?
– Je voudrais passer mes vacances au Pérou...
– Non, je préfère le Maroc, etc. »

J.-M. C.

1. Ces exemples ont été réellement fournis dans une expérimentation.
Exemple de simulation tiré de « Simulation et réalité dans l'enseignement des langues » F. Debyser.
2. Voir à ce sujet l'article de Sophie Moirand : « A comme... aller en Chine, en Iran ou au Pérou » dans *Le Français dans le Monde*, n° 124.

V. Créativité

Les jeux de créativité ont pour fonction de développer le potentiel langagier des élèves en encourageant l'invention et la production *pour le plaisir* de formes, de sens, de phrases, de discours ou de récits originaux, insolites, cocasses, poétiques, etc., de faire découvrir ce potentiel que contient une compétence linguistique même limitée si on en utilise toutes les ressources, et, pour cela, de libérer pour un temps les élèves du carcan de la répétition ou de l'imitation de modèles scolaires plausibles, raisonnables et conformistes. Les jeux de créativité que nous présenterons ci-dessous ont pour but de faire découvrir aux étudiants que l'on peut, même avec une combinatoire limitée, *faire éclater le langage.*

Alors que le manuel, exception faite de celui de notre ami et précurseur Michel Bénamou, oblige à dire : « Monsieur Dubois ferme la porte », les jeux de créativité feront dire à la porte : « J'ai froid, fermez-moi, s'il vous plaît ! »

Définitions de la créativité

(Sauter ce chapitre peu lisible si l'on est allergique à la théorie et à son jargon.)

Avant de proposer une gamme assez variée de techniques et de jeux, il convient de préciser le terme de créativité qui recouvre des concepts différents selon qu'on s'adresse à la pédagogie, à la psychologie ou à la linguistique[1].

1) Pour les pédagogues, la créativité n'est pas une propriété du langage, mais une aptitude de l'élève à imaginer, à inventer, à découvrir, à s'exprimer, à produire, etc. Cette aptitude peut s'épanouir ou s'étioler dans l'institution scolaire; elle est stimulée par les méthodes actives, freinée ou étouffée par une pédagogie de simple transmission des connaissances et par des activités de répétition ou de pure imitation; elle est stimulée par le travail individualisé ou en petits groupes, freinée par des tâches collectives indifférenciées données à l'ensemble du groupe classe et ne permettant pas d'initiatives; elle est stimulée par un climat permissif, freinée par un style

1. « Faute de quoi le mot reste un mot sac, une sorte de fourre-tout dans lequel on met n'importe quoi, c'est-à-dire finalement un sac vide », met en garde Alain Baudot dans : *Vers une pédagogie de la créativité*, Paris, E.S.F., 1973.

de classe autoritaire; elle est enfin stimulée lorsque les élèves sont responsables de leurs productions, freinée lorsque le travail scolaire les réduit à de simples exécutants.

Voilà pourquoi notre fille est muette au lieu de chanter et de faire des poèmes; voilà pourquoi, sauf rares exceptions, elle fait de jolies peintures à la maternelle, de vilains dessins à l'école primaire, et d'atroces copies de chapiteaux corinthiens dans les cours de dessin de l'enseignement secondaire.

2) Les psychologues, notamment américains[1], qui se sont occupés de la créativité, tout en admettant également qu'il s'agit d'une aptitude, d'ailleurs *distincte de l'intelligence* telle qu'on la mesure habituellement dans les tests de Q. I., ont préféré l'étudier empiriquement dans les conduites et les activités créatrices, où il leur est apparu que des facteurs, tels que la *fluidité* et la *flexibilité* d'esprit, l'*originalité* (par rapport aux idées reçues et aux discours attendus) et l'aptitude à *destructurer et à restructurer* rapidement les données de l'expérience, les images, les concepts, les formes et les systèmes, jouent un rôle déterminant (et mesurable).

Ces recherches ont donné lieu à des techniques visant à stimuler dans des groupes d'adultes la recherche et la production d'idées, de formes, de messages, d'objets nouveaux, dans des domaines aussi divers que la publicité, le commerce, la recherche industrielle, les relations humaines, les organisations sociales ou professionnelles, la recherche opérationnelle ou même la recherche scientifique. La technique la plus connue du grand public est celle du *Brain Storming*[2].

Des groupes de « créativité », de « créatique », d'« inventique », de « synectique », parfois sérieux, souvent charlatanesques, ont mis au point et exploitent à des fins commerciales que le chômage et la formation permanente rendent de plus en plus lucratives, des pratiques dont nous ne refuserons pas a priori de nous inspirer ici[3].

3) Pour les linguistes, la créativité est une propriété inhérente aux langues naturelles ou à leur utilisation, et qui a été définie par les linguistes de différentes manières, dont certaines *n'ont aucun rapport avec la créativité des pédagogues* ou avec les aptitudes de l'esprit ou de la personnalité sur lesquelles s'interrogent les psychologues ou que cherchent à activer les animateurs de groupes de créativité.

De ces nombreuses définitions, nous n'en retiendrons que quatre, dont les deux premières, proposées par Chomsky, n'ont rien à voir avec la créativité dans la classe.

1. Les recherches les plus fréquemment citées sont celles de J. P. Guilford et de E. P. Torrance. Un choix des textes et articles les plus marquants de la recherche américaine a été publié, également par A. Beaudot sous le titre La Créativité, Paris, Dunod 1973. Les communications et discussions d'un colloque tenu à Cerizy-la-Salle et consacré à « la créativité Artistique et Scientifique » ont été publiées dans la collection 10/18 sous le titre : *Art et Science : de la créativité,* Paris, 1972.

2. Mise au point également aux États-Unis par A. Osborn, *L'imagination constructive,* Paris, Dunod, 1965.

3. Le livre le plus vivant et le plus sympathique sur ces techniques nous semble celui de Bernard Demory, *La créativité en pratique,* Paris, Chotard, 1974.

a) *La créativité gouvernée par les règles*[1] *(« rule governed creativity »)* tient au pouvoir récursif des règles qui permet de produire un nombre infini de phrases dans une langue; les règles récursives sont les règles d'enchassement illimité telles que le mécanisme du complément de nom (le père du frère du cousin de la concierge du mari de la fille, etc., à l'infini) ou de la relative (... le feu qui a brûlé le bâton, qui a frappé le chien, qui a mordu le loup, etc.); Chomsky se réfère à cette définition de la créativité pour démontrer le caractère infini du langage, d'où la nécessité d'une description linguistique qui en rende compte.

Il est clair que la créativité ainsi définie n'a aucun rapport avec celle des pédagogues.

b) *La créativité qui change les règles*[1] *(« rule changing creativity »)*, également définie par Chomsky, n'est pas caractéristique de la compétence; située au niveau de la performance, elle peut, par l'accumulation des multiples déviations individuelles, finir par changer la langue, c'est-à-dire le système de règles.

Ce type de créativité qui explique le changement linguistique n'a pas non plus de rapport avec la créativité pédagogique.

c) *La créativité combinatoire*[1] a été définie par M. Gross (méthodes en syntaxe) également pour des raisons théoriques (nécessité de procéder à des inventaires aussi complets que possible de la totalité des constructions du français); pour Gross, il n'est pas nécessaire de recourir au caractère infini des mécanismes récursifs pour fonder la créativité du langage; les possibilités combinatoires du langage sont en effet telles qu'elles permettent une créativité qui « peut être considérée comme infinie, sans qu'il y ait besoin de faire appel à des mécanismes infinis ».

Cette définition de la créativité n'a rien à voir non plus avec la pédagogie, mais est utilisable pédagogiquement.

d) *La créativité sémantique*[1], définie par Strawson, est également une propriété inhérente aux langues naturelles, mais liée à l'acte d'énonciation qui permet au locuteur l'exploitation de ressources sémantiques considérables, soit pour modaliser, nuancer, infléchir le sens linguistique d'un énoncé, soit pour choisir la manière de communiquer du sens.

Cette dernière définition ouvre davantage la voie à une pédagogie de la créativité linguistique.

1. Pour les définitions *a* et *b*, voir CHOMSKY, *Current Issues in Linguistic Theory,* La Haye, Mouton, 1964, et l'exposé que fait RUWET de la créativité selon Chomsky dans N. RUWET, *Introduction à la grammaire générative,* Paris, Plon, 1967, pp. 50 à 52. Pour la *créativité combinatoire,* voir M. GROSS, *Méthodes en syntaxe,* chapitre premier, les grammaires transformationnelles, l. 1. La créativité du langage. Pour les éventuelles applications pédagogiques, voir F. DEBYSER, *Le lexique des constructions verbales,* brochure B. E. L. C. 1973, pp. 36 à 39.
Pour la créativité sémantique, voir P. F. STRAWSON, *Phrase et Acte de parole, in* « Langages » n° 17, mars 1970 (numéro spécial consacré à l'*énonciation*).

Les composantes de la créativité

On s'accorde à considérer que la créativité est une aptitude différente de l'intelligence. Toutefois on ne sait pas trop ce qu'est cette aptitude si ce n'est que certains sujets ou certains groupes semblent plus créatifs que d'autres. Faute de pouvoir définir de façon stricte la créativité, la recherche expérimentale a cherché à isoler certains paramètres dont on s'accorde à penser qu'ils en sont des composantes et qui présentent l'avantage d'être objectivables et donc éventuellement mesurables : ce sont ces facteurs, que nous avons évoqués dans le chapitre précédent, et que nous allons reprendre à l'aide d'exemples.

a) *La richesse des productions verbales* (fluidité)
Si je demande à un groupe de me dire le plus vite tous les usages que je peux faire d'une feuille de papier, un sujet A peut ne trouver qu'une seule réponse « écrire une lettre ». En revanche, un sujet B, plus « créatif » peut énumérer une série de réponses « faire une cocotte en papier, une boulette, un cornet à bonbons, un chapeau de gendarme, une enveloppe, un attrape-mouches, etc. ». Le sujet B démontre une plus grande fluidité verbale que le sujet A.

b) *La flexibilité*
A la même question, un sujet A peut donner trois réponses qui toutes aient un rapport avec le pliage : « faire un avion, une cocotte, une flèche » ; un sujet B peut ne donner que trois réponses lui aussi mais dans plusieurs directions (ex. : « un cornet à bonbons, une torche pour allumer sa pipe, un mouchoir en papier »). Avec le même nombre de réponses que le sujet A, le sujet B fait preuve de plus de flexibilité d'esprit, car il ne se bloque pas comme A sur une seule direction de pensée.

c) *L'originalité*
A la question « Que peut-on faire avec une porte? » la réponse « la fermer à clé » est banale et donc peu originale. Un sujet plus « créatif » proposera des réponses, moins prévisibles, par exemple « en faire un toit pour une cabane à lapins » ou « la poser sur des tréteaux pour faire une table ».

d) *L'aptitude à dissocier et à destructurer des éléments joints*
A la question « que faire avec un parapluie », A peut répondre « je m'en sers pour vendre des cravates ». Si B répond « Avec la coiffe, je fais un berceau, avec le manche un portemanteau », il fait preuve de plus d'aptitude que A à disjoindre des éléments associés, à les dissocier pour les utiliser séparément.

e) *L'aptitude à associer et à continuer des éléments séparés*
Le marchand de chaussures qui invente un « mot-valise » et associe botte et boutique pour baptiser son magazin « bottique », le petit inventeur qui crée le répondeur automatique en bricolant la combinaison d'un récepteur téléphonique et d'un magnétophone, témoignent de cette aptitude combinatoire.

La plupart des trouvailles du concours Lépine et des astuces organisationnelles de la vie quotidienne consistant à faire d'une pierre deux coups, relèvent de cette créativité dans la combinaison. Koestler a particulièrement insisté sur le rôle de la « bisociation » dans l'invention et la découverte.

f) *L'aptitude à restructurer et à créer*
Faire quelque chose de complètement nouveau avec des éléments divers, va au-delà de la combinaison associative du petit inventeur : on touche alors non plus à la créativité mais à la création : c'est un don que n'ont souvent, à l'âge adulte, que les vrais novateurs, qu'ils soient artistes, penseurs ou scientifiques; la véritable restructuration permet de créer de nouvelles symboliques, de nouveaux langages, de nouvelles théories. Ce don de la création par la restructuration permanente, probablement généralisé chez les enfants, car il est nécessaire à leur développement psychique, se perd ensuite sauf chez les génies créateurs[1].

Cette décomposition facturielle de la créativité en habiletés isolables, le plus souvent verbales, est directement applicable à une pédagogie de la créativité langagière. Une partie des techniques et des jeux qui suivent ont pour but d'activer ou de réactiver la fluidité verbale, la flexibilité de l'imagination ou les aptitudes à associer ou à dissocier les signes et les idées.

Les conditions favorables à la créativité

Ce sont les techniciens du Brain Storming, qui, soucieux d'obtenir dans les groupes en un temps limité le plus grand nombre d'idées nouvelles, ont le mieux étudié l'incidence favorable ou défavorable sur la créativité collective d'un certain nombre de facteurs.

Dans la mesure où l'on pense que la pratique de la créativité dans la classe, et surtout dans la classe de langue doit être collective et coopérative et non individualisée et compétitive, dans la mesure aussi où les techniques et les jeux de créativité se prêtent tout particulièrement à des activités de groupe, il est bon que les enseignants tirent leur profit des conseils que les animateurs de Brain Storming donnent généralement en début de séances aux participants.

Le travail en groupe est en lui-même favorable à la créativité, car il favorise les échanges, la production et la diversification des idées. On ne prend pas de leçons de créativité par correspondance, ou dans un manuel. Des jeux simples tels que *l'armalon* peuvent révéler à un groupe le pouvoir d'invention qu'il recèle.

Le climat du groupe doit être autant que possible gai, détendu et même un peu bohème; la chemise à fleurs ne fait pas plus l'artiste que le froc ne fait le moine, mais une atmosphère un peu fantaisiste facilite la rupture avec l'absence d'imagination, la solennité,

1. Didier Anzieu : *Psychanalyse du génie créateur,* Paris, Dunod, 1974.

la rigidité et le conformisme des salles de classe, des bureaux de ministères et des conseils d'administration où l'on n'invente jamais rien.

L'absence de hiérarchie est nécessaire à la créativité dans les groupes, car les inégalités de statut empêchent ou inhibent l'inventivité : les bonnes idées, dans les groupes hiérarchisés sont toujours celles du chef ou du patron; il est bien connu également qu'un moyen sûr de faire tranquillement carrière dans l'administration, ou la grande entreprise, est de ne jamais avoir d'idées, que les gens qui ont trop d'idées finissent par être mal vus et mal notés, etc.

La levée des censures. L'esprit critique, la routine et le conformisme brident l'imagination. Cette censure peut être idéologique, culturelle, induite par l'éducation, la profession, l'institution, sans parler des mauvaises habitudes dans les rapports interpersonnels où l'on tend à critiquer toute idée qui sort de l'ordinaire avant même de l'avoir entendu exposer jusqu'au bout. Cette censure de l'imagination finit par créer chez les individus des habitudes d'autocensure; plutôt que de s'exposer à la critique ou à la moquerie on préfère se censurer soi-même. Il suffit de voir ce qui se passe habituellement dans un groupe professionnel lorsque quelqu'un a une idée qui sort un peu des sentiers battus. On lui répond alors que c'est stupide, que ce n'est pas sérieux, que ce n'est pas possible, qu'on a déjà essayé et que cela n'a pas marché, que ce n'est pas dans les habitudes, que le règlement ne le prévoit pas, qu'administrativement c'est impossible, que cela va coûter trop cher, que c'est prématuré, qu'il est trop tard, qu'il pleut, etc.

L'une des règles les plus efficaces du Brain Storming est de supprimer toutes ces critiques afin de favoriser la production libre d'associations, de formulations et d'idées dans un groupe. L'examen critique des propositions est reporté à un deuxième moment où, après avoir recueilli les idées nouvelles, on étudie la possibilité de les réaliser.

La mise en commun. Dès les petites classes, on nous apprend à ne pas copier sur le voisin et à ne pas laisser le voisin copier sur nous. La mise en commun de l'inventivité dans un groupe abat ce cloisonnement pour instituer une démarche inverse : lorsque quelqu'un a une idée, un voisin s'en empare, un troisième la modifie, un autre la complète, un autre enfin la transforme et en fait quelque chose de tout à fait différent.

Créativité et régression : une certaine forme de régression est nécessaire à un groupe pour devenir créatif; l'éducation, la maturité, le rationalisme, la valorisation de l'esprit logique, la méfiance à l'égard de l'inconscient et de la spontanéité, la crainte de passer pour un « original », c'est-à-dire pour un déviant, sont autant d'éléments qui brident l'imagination et consolident le conformisme. De même que la plupart des démarches de la psychothérapie passent par un retour en arrière, une régression qui permet au sujet de se retrouver lui-même, de même les spécialistes de la créativité, admettent avec Jean Fustier que, pour devenir (redevenir) novateur ou créateur, il faut savoir revenir aux sources, « récéder », « régresser ». Certains psychanalystes pensent que cette étape de régression est nécessaire aux génies créateurs, artistes, savants, penseurs. « Être créateur, c'est être capable d'une régression rapide et profonde d'où l'on rapporte des rapprochements inattendus, des représentations archaïques – sous forme d'images, d'affects, de rythmes de processus psychiques primaires –, des rapprochements, des représentations qui vont servir de noyau organisateur pour une œuvre artistique ou une découverte scientifique éventuelles[1]. »

Dans la perspective qui nous intéresse ici, disons simplement qu'il faut réapprendre à jouer; cela étant, il ne faut pas identifier la créativité à la seule régression, comme le font parfois de médiocres théoriciens ou certains praticiens douteux qui, dans des séminaires fort coûteux, tentent de faire croire à des cadres peut-être fatigués, mais pas toujours dupes, que c'est en poussant des cris d'animaux ou en se comportant comme de petits enfants débiles qu'ils redeviendront créatifs.

Rappelons pour terminer que la créativité ne s'apprend pas par la théorie, elle se pratique : l'échantillonnage de jeux et d'exercices que nous proposons ne porte que sur un seul aspect, la créativité langagière, à l'exclusion des jeux d'expression éminemment créatifs eux aussi que sont les jeux de rôles, traités dans le chapitre précédent. Ils vont des techniques les plus simples et les plus mécaniques permettant de composer des mots et des énoncés nouveaux, à la découverte d'idées et à la création de discours.

1. Cf. Didier Anzieu : *Psychanalyse du génie créateur*, Paris, Dunod, 1974.

LES MOTS-VALISES

On doit les mots-valises à Lewis Carroll[1]. Le mot valise consiste à coupler deux mots en un seul comme le font souvent les enfants.

C'est ainsi que :
Champignon + poison peuvent donner *empoisognon*
Chat + moine : *chamoine*
Éclaboussure + mousse = *éclamoussure.*

La néologie et surtout le langage publicitaire utilisent couramment cette technique :
Europe + Télévision donne *Eurovision*
Nestlé + café : *Nescafé*
Pantalon + court : *pantacourt*
Monopièce + bikini : *monokini*
etc.

Il s'agit, comme on le voit, de deux mots qui s'emboîtent avec un effet de sens double, d'où le terme de mot-valise parce que, telle une valise qui renferme plusieurs objets, il contient en fait deux mots et deux sens (ou trois si l'on considère le mot-valise comme un nouveau mot). Une technique inverse consiste à interpréter un mot réel comme un mot-valise (revoir les Chats de Siné).

Observations : chercher à fabriquer des mots-valises est un excellent entraînement à la création verbale. A pratiquer avec des adolescents ou des adultes en F. L. M.; niveau avancé en F. L. E.

Variante : – prendre quatre mots de deux syllabes par exemple :
armoire
pantoufle
chameau
cabine

– par une coupe syllabique, fabriquer les douze mots-valises qu'ils peuvent engendrer : armoufle, armeau, armine, pantoire, panteau, pantine, chamoire, chamoufle, chamine, caboire, caboufle, cabeau.
– composer des textes avec ces mots. Exemple :
« Le camoufle revêtu de sa chamine déposa l'armeau dans la pantoire. »

On observe que les mots nouveaux ainsi constitués ne sont plus de véritables mots-valises, car ils perdent l'écho sémantique de la signification des mots avec lesquels ils ont été constitués. Cette technique s'apparente avec le jeu de l'ARMALON.

1. Cf. Lewis CARROLL : *De l'autre côté du miroir,* Paris, Aubier-Flammarion, 1971, chapitres 1 et 6 où l'on trouve le célèbre poème Jabberwocky et l'exégèse qu'en fait Humpty Dumpty.

L'ARMALON

Jeu qui s'inspire des mots-valises, mais avec une procédure de création automatique, donc plus aisée. Il se décompose en deux temps :

1) On mélange les syllabes de mots existants pour fabriquer des mots nouveaux;
2) On invente le sens des mots ainsi obtenus en leur donnant une définition lexicographique, accompagnée d'un exemple.

Soit les quatre mots : *pantalon, escalier, écriteau* et *armurier.*

Si l'on mélange leurs syllabes au moyen du tableau suivant :

arm	a	lon
esc	i	lier
écr	u	rier
pant		teau

On a la possibilité de fabriquer des dizaines de mots nouveaux tels que : *armalon, armalier, armateau, escalon, escateau, pantalier,* etc.

On choisit alors un ou plusieurs mots et on leur invente un sens :

Armalon peut recevoir la définition : « petite compagnie de soldats des armées espagnoles de la Renaissance. »
Ex. : « Pour protéger sa retraite, le duc d'Albe dut sacrifier son meilleur armalon. »
ou encore : « rongeur de l'Amérique du Sud ».
Ex. : « Cuite dans l'argile, la chair de l'armalon est délicieuse. »

Escateau peut recevoir la définition : « cale de bois qui permet de bloquer le gouvernail des voiliers par temps calme ».
Ex. : « Seuls les marins expérimentés prennent le risque de naviguer à l'escateau. »

Observations :
Plus facile que le mot-valise, le jeu de l'armalon est propice à la créativité sémantique; particulièrement intéressant avec des groupes en raison de la prolifération des sens proposés; excellente motivation à l'expression en F. L. M.; utile en F. L. E. avec des étudiants avancés, chez qui il développe en outre l'intuition des valeurs suffixales et le langage de la définition lexicographique.

Certains trouveront baroque l'idée d'inventer des mots qui n'existent pas : nous leur répondrons qu'*escateau, armalon* et *pantalier* sont de bien plus beaux mots qu'*aspirateur* ou *télévision.*

Une variante de l'armalon consiste à inventer un sens fantaisiste pour un mot réel; cette technique a été utilisée par M. C. Ghyka dans le *Petit Dictionnaire des mots retrouvés.*
Exemple :
Clavicule : petit piano d'enfant à clavier court. « Le petit Paul a cassé sa clavicule » (comtesse de Ségur[1]).

Ce jeu se rapproche du « jeu du dictionnaire ».

1. Pour d'autres exemples, voir Guiraud : *Les mots d'esprit,* p. 21.

JEU DU DICTIONNAIRE
(invention de définitions)

Joueurs : 5 ou 6. Peut se jouer à 4 (moins intéressant) ou à 7 ou 8 (plus compliqué).

Règles du jeu : L'un des joueurs est le meneur de jeu. Il cherche dans le dictionnaire un mot qu'il suppose inconnu des autres joueurs, il le leur communique en l'épelant, et recopie sur une fiche la définition qui figure dans le dictionnaire, sans rien y changer (s'il y a plusieurs définitions, il n'est pas obligé de choisir la première).

Chacun des autres joueurs essaie d'imaginer pour ce mot une définition plausible, et l'inscrit sur une fiche qu'il remet au meneur de jeu. Celui-ci mêle l'ensemble des fiches, y compris celle qu'il a lui-même remplie, les numérote, et lit à haute voix (et relit sur demande) toutes les définitions. Chacun des autres joueurs essaie alors d'identifier, parmi toutes ces définitions, celle du dictionnaire, et indique son choix au meneur de jeu, selon la procédure du tour de table.

Marquage des points :
– Le meneur de jeu ne marque de points que si aucun des autres joueurs n'a identifié la définition du dictionnaire.
– Chacun des autres joueurs marque :
– 2 points s'il a identifié correctement la bonne définition.
– 1 point autant de fois que la définition qu'il a rédigée a été choisie par un autre joueur au lieu de celle du dictionnaire. Ces points peuvent se cumuler.

Suite de la partie :
– Au tour suivant, c'est un autre joueur qui est le meneur de jeu. Lorsque tous les joueurs ont été une fois meneur de jeu, la manche s'achève.
– La partie se joue en un nombre de manches fixé à l'avance, et le vainqueur est celui qui a totalisé le plus grand nombre de points.

Observations :
– Il peut être avantageux dans une classe de remplacer les joueurs individuels par des équipes de 2 ou 3 joueurs.

– Ce jeu exige un niveau linguistique suffisamment élevé pour que les participants soient capables d'utiliser la métalangue lexicographique : si les définitions inventées sont rédigées trop maladroitement, le jeu perd son intérêt car la définition authentique devient trop facile à identifier.

– Si l'on met à part le meneur de jeu, dont la stratégie consiste seulement à trouver dans le dictionnaire un mot non seulement inconnu, mais encore le moins transparent possible, la stratégie des autres joueurs consiste à imaginer une définition susceptible de paraître vraisemblable, même si elle n'a aucun rapport avec la définition véritable (laquelle est d'ailleurs inconnue, si le choix du meneur de jeu a été judicieux), même si elle comporte des termes qui n'existent pas en français (bien des vocables obscurs sont définis dans les dictionnaires à l'aide de termes tout aussi obscurs !), même si elle est radicalement différente de l'idée que se fait le joueur du sens réel du mot. L'essentiel est qu'elle soit rédigée dans le style lexicographique.

Exemple : Si le meneur de jeu a choisi le mot TINGAL, dont la définition réelle est : « Borate naturel de soude », des définitions parfaitement fantaisistes comme « Mammifère marsupial d'Australie ». « En vénerie, se dit d'un cerf blessé par la meute », ou « Recouvert d'un alliage de cuivre et d'étain », ont plus de chance d'être choisies par les autres joueurs (donc de rapporter des points à leur auteur) que d'autres, comme « Produit chimique », qui ne ressemble pas à une définition de dictionnaire.
– Il serait illusoire de croire qu'un tel jeu pourrait avoir comme avantage pédagogique d'« enrichir votre vocabulaire ». L'expérience prouve qu'on retient plus volontiers et plus longtemps la définition qu'on a soi-même forgée que la définition réelle.

(Communiqué par J.-C. Mothe)

LA DÉFINITION OU QUESTION-RÉPONSE
(jeu surréaliste)

On utilise la technique des petits papiers[1] : A écrit une partie du message sur une feuille, la replie de façon que B ne puisse pas lire ce qu'il a écrit, passe sa feuille à B qui écrit la seconde partie.

Nota Bene : dans tous les jeux de *petits papiers,* replier le papier en arrière, pour que le message complet puisse être lu dans l'ordre.

Le jeu le plus simple est la *question-réponse :* A écrit une question introduite par : *« Qu'est-ce que... ? »*
B écrit une réponse introduite par : « C'est... »

Exemple : *Question :* « Qu'est-ce que le jour ?

Réponse : – C'est une femme nue qui se baigne à la tombée de la nuit ».

(*Révolution surréaliste,* n° 11, 1928).

Observations : Bien que le principe en soit très simple, ce jeu n'est fécond que si les participants disposent d'un bagage verbal suffisant : une production du genre « qu'est-ce qu'une maison ? C'est un chat » n'est pas très suggestive. En outre, ce jeu reste assez mécanique et ne produit pas forcément des énoncés intéressants : il ne faut donc pas en abuser.

1. Voici la description que Claude Aveline donne des « petits papiers ».
« Quelle que soit leur particularité, le principe des petits papiers est toujours le même. Chaque joueur inscrit quelques mots sur un feuillet qu'il replie et passe à son voisin de gauche, tandis qu'il reçoit dans les mêmes conditions celui de son voisin de droite.
Les joueurs les font circuler ainsi autour de la table en les complétant, sans avoir le droit de regarder la ou les inscriptions précédentes.
Quand les papiers sont passés entre toutes les mains, ils sont mêlés et distribués au hasard. Les joueurs, à tour de rôle, en donnent alors connaissance.
Puisque chaque ensemble est l'œuvre de tous, il ne peut y avoir de gagnant. L'assem-

POURQUOI... PARCE QUE
(jeu surréaliste)

Même technique que le précédent avec recours à la procédure des « petits papiers ».

Exemple : *Question :* « Pourquoi continuer à vivre ?
Réponse : – Parce qu'à la porte des prisons il n'y a que les clés qui chantent » (Aragon).

Observations : donne des productions plus intéressantes que le précédent; utilisable pour travailler, en s'amusant, la syntaxe de la proposition causale. Tous niveaux, ne pas abuser de ce jeu distrayant au début mais qui devient rapidement monotone.

SI...
(jeu surréaliste)

Technique des petits papiers.
A écrit une subordonnée conditionnelle à l'imparfait.
B, sans voir ce qu'a écrit A, continue par une principale au conditionnel présent.

Exemples de productions surréalistes :
– S'il n'y avait pas de guillotine, les abeilles enlèveraient leur corset.
– Si l'ombre de ton ombre visitait une galerie de glaces, la suite serait indéfiniment remise au prochain numéro.

Observations : les mêmes que pour le jeu « Pourquoi/parce que » légèrement plus intéressant toutefois, car l'irréel présent justifie mieux la bizarrerie éventuelle des productions. Bon exercice pour travailler le conditionnel.

QUAND...
(jeu surréaliste)

Technique des petits papiers.
A écrit une subordonnée temporelle au futur introduite par *quand.*
B, sans voir ce qu'a écrit A, continue par une principale au futur.

Exemple surréaliste :
« Quand les aéronautes auront atteint le septième ciel... les statues se feront servir des repas froids » (cité par P. Guiraud).

Observations : les mêmes que pour « Si... ».

blée aura donc simplement à désigner le meilleur des papiers. » Claude Aveline : *Le code des jeux,* Paris, Hachette, 1961.
Les surréalistes ont beaucoup utilisé cette technique d'écriture collective et semi-automatique pour qu'elle permette d'obtenir rapidement des associations insolites. Les jeux de société qui y recourent visent plutôt à faire rire par la comicité des enchaînements inattendus.

IL SUFFIT DE... POUR
(jeu surréaliste)

Technique des petits papiers
A écrit la première partie :
Ex. : Il suffit d'une douzaine d'œufs
d'un peu de gentillesse
d'un noyau de pêche
d'un morceau de bois
d'un spermatozoïde
B, sans voir ce qu'a écrit A, écrit la suite (pour + infinitif) :
« pour faire une omelette » ou pour que + complétive ou subjonctif.
Ex. : « Pour que la face du monde soit changée... »
variante : B a le droit de regarder ce que A a écrit.

LE CADAVRE EXQUIS
(jeu surréaliste)

Technique des petits papiers; se joue avec au moins 5 joueurs :

A propose	un substantif sujet
B	un adjectif ou un complément déterminatif
C	un verbe transitif
D	un substantif complément
E	un adjectif ou un complément déterminatif.

Exemples de productions surréalistes :
« L'huître du Sénégal mangera le pain tricolore.
La colombe des branches contamine la pierre lamartinienne. »
(Cités par Guiraud dans les *Mots d'esprit*; on trouvera de nombreux exemples dans la *Révolution surréaliste* notamment dans les numéros 9 et 10).

D'autres exemples tels que : « Le mille-pattes amoureux rivalise de méchanceté avec le cortège languissant » montrent l'intérêt de ce jeu pour explorer la syntaxe des constructions verbales; dans cet exemple le joueur C a fourni non pas seulement un verbe mais un groupe verbal *rivalise de méchanceté avec,* combinable avec un substantif complément.

Observations : plus varié que les jeux précédents; a l'avantage de faire participer plus de joueurs; intéressant également pour étudier les contraintes de la syntaxe du verbe.

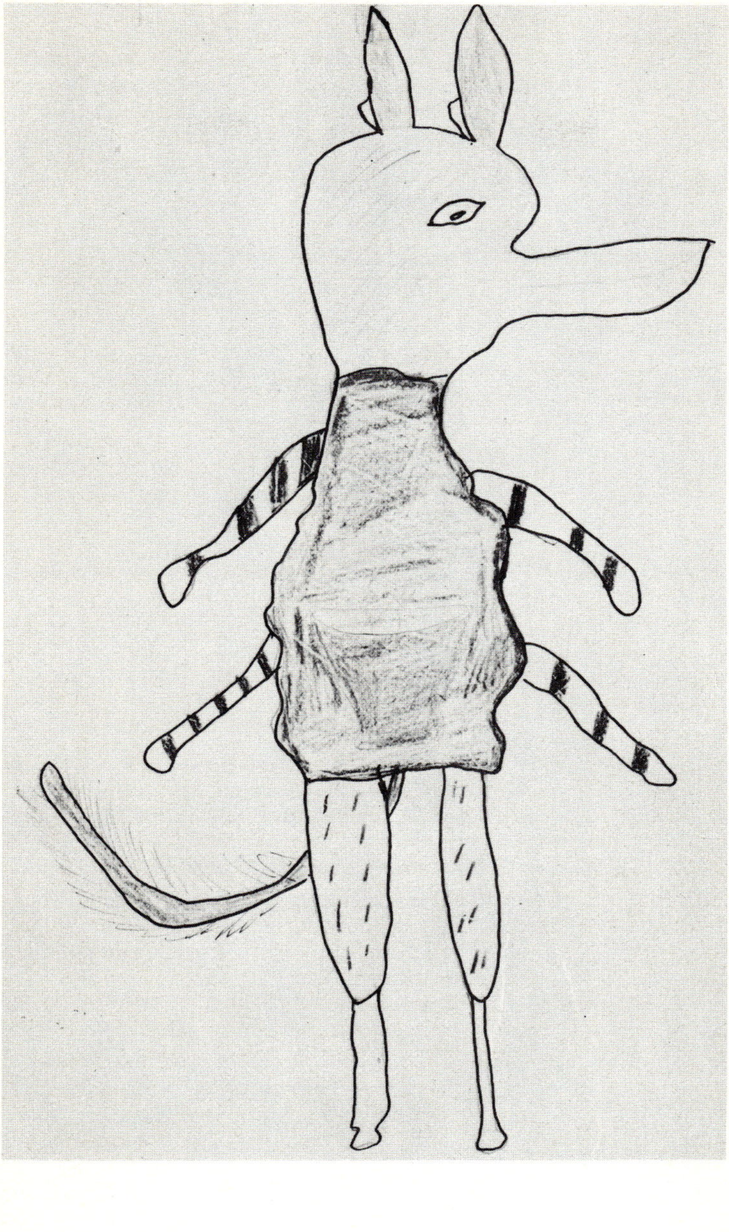

Dessin d'enfant tunisien.

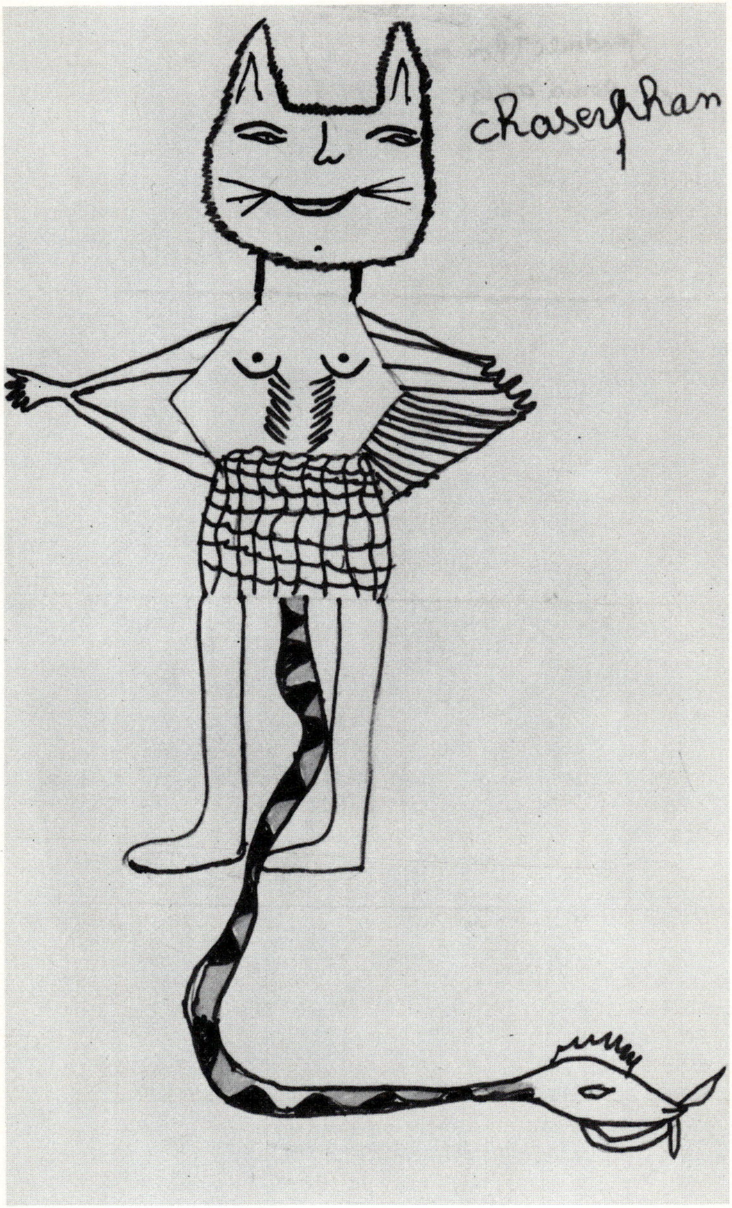

Dessin d'enfant tunisien.

MONSTRES ET MACHINES

(jeux surréalistes graphiques)

Le principe est le même que celui du cadavre exquis, mais au lieu de composer un texte, on produit un dessin; par exemple en pliant un papier en quatre on peut créer d'étranges animaux, si A dessine la tête, replie le papier en ne laissant apparaître que le prolongement des lignes principales à B qui fait le haut du corps, lequel passe ensuite à C qui fait le bas du corps et passe enfin à D qui dessine le reste de l'animal, pieds, queue, plumes, etc.

Par cette technique on obtient en cinq minutes autant de dessins que de participants : ces dessins qui constituent un bestiaire étrange sont alors le point de départ de discours, de comparaisons, d'inventions, de considérations zoologiques, etc. On donnera des noms à ces animaux grotesques ou fabuleux, on décrira leur mode de vie, la façon dont ils se nourrissent, dont ils se reproduisent, on précisera le climat où ils vivent, s'ils sont nuisibles ou familiers, leurs particularités, leurs mœurs, etc.

On peut également dessiner d'étranges machines avec le même procédé sur l'utilité et le fonctionnement desquelles les questions peuvent foisonner.

En Tunisie, au lycée de Tabarka, des élèves de 6e se sont exercés au jeu des monstres et ont produit d'assez jolis textes, tels que la fiche signalétique d'un animal appelé « La Reine des Ventilateurs ».

« La Reine des Ventilateurs : C'est en Sibérie qu'on trouve cet animal qui a une tête de rose, un corps d'homme et des pattes d'oiseau. Sa queue est un ventilateur qui lui sert à ne jamais se faner. Il n'est pas nuisible à l'homme. C'est un animal terrestre qui se nourrit d'eau. »
Ou encore celle de l'Oishon.
« Oishon : animal ayant la tête d'un clown, le corps d'un oiseau, les pattes imaginaires et la queue téléphonique qui lui permet de communiquer avec les autres animaux. Il vit en milieu terrestre, ne peut pas voler, il est granivore, vit en liberté et il est nuisible à l'homme. On peut en trouver dans l'Océan du Nord[1]. »

1. Textes communiqués par l'Académie de Béja (Tunisie). Voir photographies pp. 129 et 130.

LE MARIAGE CHINOIS

(jeu de société, appelé aussi : *la rencontre*)

Technique des petits papiers; se déroule de la façon suivante :
Le joueur n° 1 propose un adjectif au masculin précédé d'un article.
Ex. : Le beau, l'élégant, le cruel.
Le joueur n° 2 : un nom d'homme, de personnage célèbre ou familier, de profession :
Ex. : Poulidor, Amin Dada, la reine d'Angleterre[1], le ministre des Transports, Albert, le facteur, le chirurgien.
Le joueur n° 3 : « rencontre » suivi d'un article au féminin suivi d'un adjectif :
Ex. : La séduisante, la sublime.
Le joueur n° 4 : un nom de personnage féminin.
Le joueur n° 5 : le lieu de la rencontre.
Ex. : Dans un couloir du métro, sur une plage de la mer Noire.
Le joueur n° 6 : une action commune.
Ex. : Ils se disent bonjour, ils font une partie de cartes, etc.
Le joueur n° 7 : « Il lui a dit »; suivi d'une phrase quelconque.
Le joueur n° 8 : « Elle lui a répondu... », suivi d'une phrase quelconque.
Le joueur n° 9 : termine l'histoire d'une phrase ayant valeur de dénouement, de conclusion ou de moralité.

Observation : tous publics et tous niveaux; excellent pour un groupe de huit ou dix joueurs. Peut être raconté au passé composé. Amusant à condition de ne pas en abuser, car la structuration mécanique de l'histoire finit par rendre ses variantes monotones.

Le mariage chinois est une variante populaire des « petits papiers » surréalistes, il gagne en drôlerie vaudevillesque ce qu'il perd en poésie; alors que le cadavre exquis par le jeu du *hasard objectif* et de l'inconscient du groupe débouche souvent sur le rêve, le mariage chinois aboutit généralement au burlesque.

« Le soupçonneux Mao Tse-toung a rencontré la sémillante reine d'Angleterre au Club Méditerranée. Il lui a dit « Vous avez bonne mine ». Elle lui a répondu « Mon pauvre ami, les tomates ont encore augmenté de vingt-cinq centimes, etc. ».

Lorsque les participants manquent quelque peu d'imagination, on voit au bout d'un certain temps les petits papiers s'émailler de fadaises plus ou moins scatologiques pour lesquelles il convient d'avoir une certaine indulgence sans pour autant prendre ces amusements pour les perles d'une très haute créativité. On interrompra donc le jeu avant qu'il ne perde son charme en s'enlisant dans une mécanique niaise.

1. Apparaît toujours dans ce jeu. Pourquoi ! La reine d'Angleterre serait-elle un archétype de l'inconscient collectif ? Peut-être s'agit-il du fantôme de la reine Victoria.

LE CADEAU REFUSÉ

(jeu de société : variante du mariage chinois)

Technique des petits papiers :
1) le + adjectif
2) nom d'un personnage
3) « a voulu donner »... description du « don » plus ou moins insolite
4) au (à la) + adjectif
5) nom d'un personnage
6) pour + infinitive de but
7) « mais il (elle) n'en a pas voulu, parce que... » expliquer la raison du refus.

Observations : Tous publics et tous niveaux; très proche du mariage chinois, ce jeu s'en écarte sur deux points :
a) Il n'est pas nécessaire de prévoir à tout prix un personnage masculin en 1 et féminin en 5. Mais il faudra rétablir les accords lors de la relecture des histoires;
b) Les cases 6 et 7 s'ouvrent vers une créativité plus originale : elles peuvent d'ailleurs être remplies en prenant connaissance du début du texte. On se rapproche alors des jeux de créativité utilisant des « matrices ».

LE CONTE

Technique des petits papiers.

On composera collectivement une histoire en une dizaine de phrases. Toutefois, pour que l'histoire ne soit pas trop incohérente, chaque joueur a le droit de lire la phrase précédente écrite par son voisin.

Il faut convenir du moment où s'arrête l'histoire, au moins deux coups à l'avance si l'on ne veut pas que les contes finissent en « queue de poisson ».

On trouvera plus loin d'autres techniques de composition de contes (Tarot des mille et un contes).

L'HISTOIRE EN CHAÎNE

Un groupe de joueurs, assis en cercle, compose une histoire oralement, à raison d'une ou deux phrases par joueur : chaque joueur doit apporter à la trame un élément narratif nouveau de son invention et ne peut se contenter d'ajouter un détail.

Observations : En F. L. E. on conviendra, suivant le niveau des joueurs, d'utiliser le présent, le passé composé ou le passé simple; nous conseillons cependant le présent, car l'utilisation orale du passé simple risque d'être très artificielle.

Pour égaliser les temps de parole, il est bon qu'un meneur de jeu en règle la succession.

LE CROCODILE ET LE MOULIN A VENT
(jeu sur matrice)

Essayons d'imaginer une réponse à la question : « Qu'est-ce qu'un cheval peut faire avec un parachute ? » On peut proposer plusieurs réponses :
– C'est un cheval américain, il vaut une fortune; on le transporte en avion à Paris pour le Prix du président de la République : on lui met un parachute pour le cas où il y aurait un accident d'avion.
– C'est le cheval le plus rapide du monde, il a besoin d'un parachute pour s'arrêter tellement il va vite.
– C'est un cheval qui fait des courses d'obstacles; avec son parachute, il ne tombe jamais.

Voici maintenant une matrice à 100 combinaisons possibles permettant de poser des problèmes aussi différents :

Qu'est-ce qu'un/e	0	cheval	peut faire d'un/e	0	parachute	
	1	professeur		1	paire de bottes	
	2	enfant		2	locomotive	
	3	crocodile		3	boîte de cirage	
	4	aveugle		4	ordinateur	
	5	médecin		5	million de dollars	?
	6	curé		6	moulin à vent	
	7	danseuse de l'opéra		7	balle de ping-pong	
	8	touriste		8	casier à bouteilles	
	9	président de la République		9	brouette	

On peut choisir ces problèmes, ou les tirer au hasard d'un nombre quelconque de 0 à 99 ex. ; je tire au hasard 31. Cela me donne :
« Qu'est-ce qu'un crocodile peut faire avec une paire de bottes ? »

Extension du jeu : la créativité langagière provoque des réactions en chaîne que l'on peut exploiter, en voici un exemple :
Supposons que l'on ait tiré le problème 96 : « Qu'est-ce qu'un président de la République peut faire d'un moulin à vent ? »

Parmi une grande variété d'utilisations possibles, par exemple, y mettre la statue d'un grand homme, y habiter parce qu'il a des goûts simples, s'en servir pour savoir à tout moment de quel côté le vent tourne, etc. On peut avoir la réponse :
« Il y installe le ministère de l'Éducation nationale »
ou encore de la Qualité de la Vie
de l'Information
de la Défense
de la Guerre
des Finances
de la Condition féminine
des Affaires étrangères, etc.

Il est évident que l'on a là une nouvelle piste ouverte à la créativité langagière exploitable pratiquement à l'infini si l'on entreprend d'expliquer plus ou moins logiquement l'installation de n'importe quel service public dans un moulin à vent et de commenter les avantages et les inconvénients de cette décision.

Observations : tous niveaux et tous publics. La numérotation de 0 à 9 permet de tirer des nombres au hasard (on peut utiliser ces listes comme clé des songes pour jouer au Loto comme on le fait dans le Sud de l'Italie).

Plutôt que d'utiliser des listes toutes faites, on peut les faire préparer par les joueurs, ce qui donne la mesure de leur vocabulaire potentiel (en F.L.E.). A la différence des « petits papiers » le jeu ne s'arrête pas avec la production de messages insolites mais commence vraiment à partir des combinaisons aléatoires produites au moyen d'une matrice. En cela ils sont plus créatifs.

Ce jeu et celui qui les suivent sont *oraux* et se prêtent aux échanges par petits groupes de 3 ou 4 avant une mise en commun collective dans un grand groupe.

LE GÉNÉRAL A MIS UNE PIÈCE DE 5 FRANCS DANS SA POCHE
(jeu sur matrice)

Même principe que le jeu précédent, mais avec trente éléments combinables en 1 000 questions et comportant un nombre à peu près infini de réponses possibles.

Soit la matrice :

Pourquoi le/la	0	général	a-t-il/elle mis	0	pièce de 5 francs
	1	président	un/e	1	chat
	2	concierge		2	tigre
	3	danseuse		3	kilo de sucre
	4	bandit		4	pistolet
	5	chanteuse		5	bille
	6	agent de police		6	œuf dur
	7	mendiant		7	bouteille
	8	plombier		8	marteau
	9	institutrice		9	paire de gants

dans un/e	0	poche	
son/sa	1	moteur	
le/la	2	tiroir	
	3	valise	
	4	sac	
	5	coffre à bagages	?
	6	cartable	
	7	réfrigérateur	
	8	boîte à outils	
	9	étui à violon	

Quelques exemples de réponses :
000 « Pourquoi le général a-t-il mis une pièce de cinq francs dans sa poche ?
– Pour s'acheter une médaille en chocolat, pour récompenser le soldat inconnu, pour faire un cadeau au ministre de la Guerre, pour cotiser au mouvement de paix, parce que l'argent est le nerf de la guerre, etc. »
468 « Pourquoi le bandit a-t-il mis un œuf dur dans une boîte à outils ?
– Il va percer un coffre-fort; ça va être long; sa femme lui a donné un œuf dur comme casse-croûte.
– Il va attaquer une banque, il s'est déguisé en ouvrier; et arrivé à la banque, il sortira l'œuf de sa boîte à outils et fera croire que c'est une bombe. »

Observations : tous publics en F.L.M.; niveau moyen en F.L.E. où l'on suscitera des réponses en *parce que* et en *pour.* On pourra transformer en récit plus circonstancié les réponses les plus ingénieuses, ce qui permettra de travailler le vocabulaire et notamment les synonymes de *mettre,* à savoir *cacher, placer, ranger,* etc. avec leur construction comportant un objet direct et un complément locatif.

COMMENT FAIRE UNE UNIVERSITÉ D'AVANT-GARDE AVEC DE VIEUX POTS DE MOUTARDE?
(jeu sur matrice)

Sur le même principe; voici un jeu un peu plus complexe permettant de formuler mille problèmes pouvant donner lieu à la réflexion et à la discussion.

Soit le tableau[1] de quatre colonnes, A, B, C, D à dix rubriques numérotées de 0 à 9.

0	chirurgien	exceptionnel	pompier	ordinaire
1	lessive	bon	pomme	démodé
2	flic	d'avant-garde	pot de moutarde	en plastique
3	beurre	sympathique	soldat	vieux
4	général	joli	dictateur	fatigué
5	université	agréable	fer à repasser	d'occasion
6	cirage	convenable	manivelle	américain
7	musique	délicieux	P. D. G.	démontable
8	cuisine	intelligent	balai	en bois
9	livre	bon marché	jeune homme	extra-terrestre

Nous détaillerons plus que nous ne l'avons fait précédemment ce que peut être le déroulement de ce jeu dans une classe.

Avec une classe de trente élèves de 6 à 80 ans.

Règles et déroulement du jeu :
1. On demande à chacun des trente joueurs de proposer au hasard un nombre quelconque de 0 à 9999 (pour les très petits, suite aléatoire de 4 chiffres; gadgets possibles pour obtenir les nombres).
2. à l'aide de la grille ci-dessus, les nombres sont traduits en énoncés sur le modèle :

Comment faire AB avec CD

Ex. : 0 (= 0000) --- Comment faire un chirurgien exceptionnel avec un pompier ordinaire ?
5432 Comment faire une jolie université avec des soldats en plastique ?
3. Mise en forme de problèmes bien formulés : choix des déterminants, du genre, du nombre et place de l'adjectif.
4. Sélection des problèmes les plus intéressants (ou drôles, ou difficiles) soit par vote collectif, soit par un jury.
5. Attribution des tâches (ici on dépasse le simple stade du « cadavre exquis » où l'on se contente d'avoir obtenu une association insolite ou cocasse). Modalité proposée : un jury de 5 personnes attribue un problème différent à 5 groupes de 5 (ou le même problème au cinq groupes); on obtiendra ainsi des solutions multiples pour un même problème. Le jury sera assuré par roulement, ce qui « assurera une rotation » de la partialité et des vengeances possibles (en attribuant par exemple au tour suivant à l'ex-groupe jury un problème particulièrement difficile).
6. Travail de groupe : discussion, recherche d'idées, techniques de brain storming et mise en forme collective de la solution.
7. Présentation des résultats : récompenses, honneurs ou points attribués aux meilleures solutions, soit par le jury, soit par vote du collectif ou par applaudissements.
8. Éventuellement application concrète et réalisation d'une solution.

Exemples de réponses obtenues :
Yvonne S. 82 ans (tient avec son fils un café rue du Cardinal-Lemoine) a répondu immédiatement à la combinaison 5 423 soit :
« Comment faire une jolie université avec de vieux pots de moutarde ?

– Eh bien, il y aurait des pots de moutarde partout, on ferait des murs en pots de moutarde[2] et puis chaque étudiant aurait un pot de moutarde et puis les professeurs auraient deux pots ou alors un gros pot... »

1. On peut évidemment réaliser sans peine ce genre de grille avec un vocabulaire sélectionné, par exemple en français fondamental ou en s'adaptant à des classes d'âge; on peut également chercher à éviter les combinaisons sémantiques trop hasardeuses. Nous ne nous sommes pas préoccupés de cet aspect, et nous conseillons en tout état de cause de ne pas chercher à réduire à tout prix l'aléatoire des combinaisons.
2. On remarque que Yvonne S. réinvente spontanément certaines solutions de l'architecture américaine d'avant-garde (maisons faites avec des bouteilles de Coca-Cola).

Ariane, 7 ans et demi au problème 5 112 : « Comment faire de la bonne cuisine avec des pommes en plastique ? », a répondu d'un seul jet sans hésiter :

« Ben, je mettrais du jus à l'intérieur et puis je ferais un trou et après je boirais dedans », elle s'est arrêtée un instant pour réfléchir et a continué : « en mettant de la glace à l'intérieur, on coupe le haut, on fait un petit couvercle et puis on mange la glace ».

Sans hésiter non plus elle a donné au problème peut-être plus difficile n° 4 953 : « Comment faire un général pas cher avec un vieux fer à repasser ?

– On met de la mie de pain et des miettes par terre dans la cuisine, on fait la forme d'un général, alors on passe avec un fer et ça colle et ça fait un général pas cher pour jouer. »

Commentaires sur ce jeu et
les jeux sur matrice

D'un point de vue linguistique, on peut s'interroger sur une procédure qui met sur le même plan des valeurs sémantiques différentes du verbe *faire* et de la préposition *avec*
du point de vue du sens sur le jeu peut donner en effet au moins
1. faire = construire
Ex. : possibilité d'avoir avec
5 255 *Faire une université d'avant-garde avec des fers à repasser d'occasion* au sens de :
Construire une université avec des murs constitués de fers à repasser.
2. Faire = préparer, se livrer à une activité déterminée par le complément :
Ex. : faire le ménage, faire de la cuisine, la lessive, etc.
Ex. : *faire de la bonne cuisine avec de vieilles pommes.*
3. Faire = faire devenir, former, transformer en
2 674 *Faire un flic convenable avec un P.D.G. fatigué.*

Sans compter les autres ambiguïtés lexicales pouvant porter sur *cuisine* (pièce, préparation gastronomique), *université* (bâtiment, collectivité, institution, etc.) et lexico-grammaticales : *avec* peut être instrumental (= au moyen de; en se servant d'un instrument, ex. : avec une manivelle) ou introduire un ingrédient (faire du beurre avec des manches de parapluie).

De même on peut dire que des constructions différentes du verbe *faire* accompagneront les différences de sens : ainsi on aura au moins :
faire une université sympathique interprétable comme

VN + Adj. attribut	je fais la maison carrée
VN	(faire un mur)
V + N = V	faire un rêve = rêver
(complément interne)	faire la cuisine = cuisiner
	faire la lessive = lessiver
V + N1 + prép. + N2	= faire du beurre avec des briques
	(complément approprié)

Nous ne retenons pas cette objection, cette grille de *fantastique générative* est une machine à inventer qu'on ne saurait enrayer par des contraintes sous-jacentes qu'elles soient sémantico-interprétative ou syntaxiques. Les ambiguïtés des mots démultipliés par les ambiguïtés des constructions sont au contraire les ressorts de la création linguistique. L'ambiguïté peut nuire à la transmission d'information au moyen d'un code, l'ambiguïté des signes d'une langue naturelle, leur plurivocité favorise au contraire, comme l'a remarqué Umberto Eco, les associations libres et l'imaginaire.

Reste cependant le problème des règles du jeu et des règles linguistiques en matière d'imaginaire et de créativité.

Il peut y avoir des attitudes différentes :
1. On n'accepte que des énoncés plausibles du type *faire de la cuisine avec des pommes* en excluant des énoncés insolites ou cocasses;
2. On n'accepte que des énoncés plausibles, mais on admet des énoncés cocasses :
Faire du beurre délicieux avec des manivelles en plastique.
3. On accepte des énoncés qui violent les règles sélectionnelles (traits lexicaux) :
Faire des maisons contentes avec des jeunes gens en plastique.

En 1) on ne se trouve ni en situation de jeu ni en situation de créativité; c'est l'université morne, répétitif, plausible à mourir d'ennui des méthodes; c'est aussi la mécanique des exercices structuraux, le moulin ou la roulette à structures; 2) et 3) permettent la créativité : moins les règles sont strictes plus la créativité risque d'être grande, au-delà de 3, on peut faire des explorations plus audacieuses et plus fulgurantes, mais on sort de la grammaticalité.

HISTOIRES DE CHIENS ET D'ARMOIRES[1]
(jeux associatifs)

Les exercices précédents fondés sur des matrices qui engendrent des nombres croissants de phrases, elles-mêmes point de départ de discours diversifiés à l'infini, nous suggèrent ce que pourrait être un programme de fantastique générative[1] développé en corrélation avec une syntaxe. Nous en ébaucherons ci-dessous quelques étapes :
1. Libres associations à partir d'un mot.
Ex. : *fleur,* qui peut donner *plante, printemps, jeunesse, amour, parfum, éclore, fané, tristesse.*

Cette technique de suggestion poétique a été parfois utilisée par des enseignants, notamment en vue de la production de textes libres et de poèmes « tels que » ou servant de départ vers une élaboration ultérieure et une mise en forme individuelle ou collective.

1. Ce terme est la libre traduction de la *Grammatica della fantasia, Introduziane all'arte di inventare storie* de Gianni Rodari (Torino Einaudi, 1973). L'exemple de l'armoire et du chien est adapté de Rodari auquel nous devons également pour une part l'idée d'utiliser les fonctions de Propp pour l'invention des contes.

2. Libres associations enchaînées :
« Je te dis *maman* à quoi cela te fait-il penser ?
– *Papa.*
– Je te dis papa, à quoi penses-tu ?
– *La barbe.*
– Je te dis barbe, à quoi penses-tu ?
– *Un fusil.* »
etc.

Il s'agit de la même technique que précédemment, mais utilisée à des fins par des psychothérapeutes. L'intervention du psychologue emphatise et souligne les jalons.

3. L'association à deux termes dite « binôme fantastique », par Gianni Rodari[1]. Ici on quitte un plan où la seule association paradigmatique était stimulée (le poète et l'analyste n'explorent-ils pas l'un comme l'autre des champs sémantiques ?) pour jeter les premières bases d'associations syntagmatiques qui peuvent être facilitées par des matrices du genre de celles que nous avons présentées précédemment.

On met en présence par exemple :
– chien et armoire
et l'on demande aux élèves de fabriquer des énoncés ou, mieux, d'imaginer une relation quelconque entre un chien et une armoire.

On peut avoir :
– Il y a un chien dans l'armoire.
– Un chien a une armoire pour niche.
– Un gros chien porte une armoire, etc.

4. On peut aiguillonner la créativité tout en explorant les possibilités structurales du syntagme nominal en partant de constructions telles que :

N1 préposition N2
où N1 – chien
N2 – armoire,
prép. – a, dans, avec, pour, contre, etc.

et où l'on commutera régulièrement N1 et N2[2].

Ainsi « le chien de l'armoire » et « l'armoire du chien » ont des chances de déclencher des affabulations partant dans des directions différentes.

« Le chien de l'armoire » pourra devenir un chien qui a une histoire particulière, qui habite l'armoire, défend l'armoire, appartient à l'armoire; quelqu'un a produit très vite une création graphique simple mais suggestive et qui pourrait elle-même servir de support visuel à une deuxième étape de créativité.

1. Le « binôme fantastique » rappelle d'ailleurs la bisociation de Koestler.
2. Dans le développement qui suit, nous utilisons les abréviations :
N1 = premier substantif
N2 = nom complément
V = verbe
Adj. = adjectif
Prép. = préposition

En revanche, « l'armoire du chien » peut permettre d'inventer rapidement et de breveter, avant que l'idée ne soit prise, un cadeau stupide pour société de consommation : on offrira à des bourgeois à chien, une armoire spéciale où vous rangerez toutes les affaires de votre meilleur compagnon : laisse, colliers, jouets, vitamines, pedigree, carnet de santé, etc. Existe en trois tailles différentes, saint-bernard, caniche, chihuahua, modèles de luxe personnalisés, etc.
5. Prédicat simple de type N et Adj.
Soit une matrice de type :

1 l'armoire		1 triste
2 Paris		2 gai(e)
3 le pingouin		3 communiste
4 le parapluie	est	4 malade
5 la mer		5 optimiste
6 le chien		6 ennuyé(e)
7 etc.		7 etc.

Un stimulus pour l'imagination sera par exemple :
« L'armoire est triste, pourquoi ? »
Réponse parmi d'autres, et qui peut devenir un récit :
« L'armoire est triste, parce que le chien l'a quittée... »
6. Prédicat simple de type N + verbe intransitif ou de type avoir faim.
Ex. : l'armoire rit, vole, pleure, a froid, dort, a faim, a peur, etc.

« L'armoire a froid » a suscité le récit suivant :
« L'armoire a froid, elle est très malheureuse; le chien est parti, il a laissé la porte de l'armoire ouverte, il a ouvert la fenêtre et maintenant il vole; maintenant il fait très froid et l'armoire est malade; elle est vieille, elle a peur de tousser parce qu'elle va peut-être tomber en morceaux; l'armoire va mourir... »
7. Construction N V N.
Ex. : l'armoire mange quelque chose, qu'est-ce qu'elle mange?
Réponses possibles :
« L'armoire mange des mites, des souvenirs, des draps, des balais, etc. »
Notons une réponse « horrible » :
« C'est l'armoire de Barbe-Bleue, elle est carnivore, elle mange les femmes de Barbe-Bleue. »
8. Autres constructions simples.
Même technique avec les constructions NV à N.
L'armoire pense à quelqu'un, à qui ?
parle
Réponses et développements possibles :
« Au menuisier, à Marcel Proust, au chien, à Marie »
idem pour les constructions de type NV de N – N V N à N – N V N de N – NV à N de N – etc. et l'on passera ensuite à la syntaxe de la complétive.
9. La syntaxe de la complétive.
NV que P « l'armoire pense que la vie est monotone », V infinitif VN, « déménager ennuie l'armoire » NV à N que P « l'armoire annonce au chien qu'elle va partir en voyage », etc.

10. Entre-temps, on peut aussi programmer des matrices fantastiques pour d'autres aspects grammaticaux de la phrase simple.
Ex. : travail sur le conditionnel qui permettra enfin d'aborder ce mode comme les enfants, non pas sous la forme scolaire stéréotypée du genre « si j'étais riche, j'achèterais une maison », mais par la voie merveilleuse de l'imaginaire qui en est l'approche la plus naturelle (je serais un pirate, on serait perdus dans la forêt, on aurait trouvé un trésor, etc.).

Des points de départ tels que :
« L'armoire volerait », ou « Paris serait au pôle Nord », devraient permettre de réactiver ce processus.
11. Enfin la phrase complexe ou les éléments de la combinatoire seront des listes de phrases P1 et P2 qui seront mises dans des relations du type P1 – mais, parce que, pour que, quand, si, etc. – P2.
Exemples : « L'armoire a froid mais le chien vole,
quand
parce que... . »
chacune de ces phrases impliquant qu'on la commente par une histoire.

LE BRAIN-STORMING

Le brain-storming, habituellement, n'est pas un jeu, c'est une technique tout à fait sérieuse de production rapide et collective d'idées nouvelles; cependant cette technique de créativité se caractérisant à la fois par une très forte dimension ludique et par l'intensité et la variété de la production langagière, nous la proposons ici comme un jeu, destiné à des groupes de 5 à une quinzaine de participants (voir l'introduction de ce chapitre et si l'on souhaite une information plus détaillée, consulter *La Créativité en pratique* de Bernard Demory).
Procédure :
1. On choisit un thème (par exemple, trouver le maximum d'idées nouvelles pour) :
– passer des vacances amusantes
– résoudre un problème écologique
– inventer une escroquerie
– résoudre un problème de circulation
– inventer un slogan publicitaire
– utiliser un matériau ou un produit
– supprimer un inconvénient de la vie quotidienne, etc.
à condition de choisir toujours un thème ou un problème ouvert et à solutions multiples.
2. Les producteurs d'idées se mettent en cercle; des secrétaires de séance, chargées de noter tout ce qui se dira, se mettent derrière eux : comme les productions seront nombreuses, il est raisonnable de prévoir une secrétaire pour deux participants actifs et de prévoir à l'avance quels sont les 2 producteurs dont chaque « secrétaire » notera les productions.
3. On rappelle les règles fondamentales du jeu :

– dire tout ce qui passe par la tête sans s'autocensurer, c'est-à-dire sans se demander s'il s'agit de bonnes ou de mauvaises idées, d'idées folles ou raisonnables, utopiques ou réalisables;
– ne jamais critiquer les idées des autres;
– chacun doit laisser autrui reprendre à son compte ses idées;
– chacun peut « copier » sur autrui, lui prendre et modifier ses idées;
– le jeu consiste à avoir le maximum d'idées, et non pas une seule ou quelques bonnes idées; le tri se fera ultérieurement. La quantité de productions verbales doit l'emporter sur la qualité[1].
4. On se donne un temps de production, par exemple 5 ou 10 minutes et on commence.
5. Au bout de ce temps, ou si l'on constate que le groupe s'essouffle, on fait un temps d'arrêt. Les secrétaires donnent la liste des productions et on les classe.
6. Ou bien on recommence sur l'ensemble du problème, ou bien, on choisit dans le classement l'une des pistes, c'est-à-dire l'une des familles de solutions qui semble particulièrement intéressante, nouvelle ou ingénieuse.

Autres modalités
Si l'on juge que la procédure utilisant des secrétaires de séance est trop lourde ou trop bureaucratique, on convient de les supprimer et, avant de commencer le jeu, on décide que chacun, en silence, écrira sur un papier tout ce à quoi il pense. On met ensuite en commun grâce à un tour de table; un ou plusieurs participants, notant tout au tableau; on procède ensuite à une deuxième séance de brainstorming, cette fois collectif et oral à partir de la liste ainsi établie.

Conseils sur le choix des thèmes
Pour s'entraîner on commencera par des sujets très simples.
Exemples :
– qu'est-ce qu'on peut faire avec une feuille de papier ? ou un bouchon, ou un parapluie ?
– comment entrer gratuitement à un festival de musique pop ?
– comment économiser de l'essence ?

On pourra ensuite affronter des problèmes un peu plus difficiles tels que :
– résoudre les problèmes du Proche-Orient.
– éviter la pollution sans diminuer le développement industriel et la croissance économique.

Observations : pour tous publics, y compris les enfants, le brainstorming est un entraînement à la « fluidité verbale » et à la créativité. Si on le pratique assez régulièrement, on verra que les groupes, et, individuellement les participants, font des progrès rapides. Le résultat de surface, c'est-à-dire, l'accélération, l'intensification et la diversification des productions verbales est *toujours atteint.* Il est probable

1. La logorrhée n'est pas pensée créative; la « qualité » ne doit pas non plus être dévalorisée dans la créativité; mais l'objectif ici est la fluidité verbale et « idéationnelle ».

que l'efficacité réelle du brain-storming est plus grande pour la publicité ou l'invention d'idées dans les secteurs tertiaires, que pour des problèmes tels que la recherche contre le cancer, encore que cela ne soit pas prouvé de façon nette; tels n'est pas notre préoccupation ici, dans la mesure où c'est le premier résultat, à savoir la production verbale qui nous intéresse en soi.

En F. L. E. on peut introduire, même avec des débutants, le brain-storming sur des sujets simples tels que :
– suggérer le maximum d'idées sur la manière de se rendre de Paris à Londres;
– comment passer des vacances amusantes, sans argent ?

LE CONCASSAGE

Le concassage est une variante du brain-storming, mise au point par Michel Fustier (*Exercices pratiques de créativité,* Paris, SME).

Il s'agit d'une méthode qui permet de traiter successivement par le brain-storming les différentes approches d'un problème en organisant les étapes du travail d'imagination de la façon suivante :
1. Comment peut-on agrandir ?
2. Comment peut-on diminuer ?
3. Comment peut-on améliorer ?
4. Comment peut-on associer ?
5. Comment peut-on inverser ?
6. Comment peut-on remplacer ?

Si le thème choisi est « l'usage et l'amélioration des parapluies » on pourra obtenir :
1. le parapluie pour deux personnes, le parapluie guérite, le parapluie pour famille nombreuse, etc.;
2. le parapluie gonflable, le parapluie-crayon;
3. le parapluie muni d'un bip-bip ou de tout autre dispositif permettant de ne pas le perdre : la collectivisation des parapluies, le parapluie auto-séchant;
4. Le parapluie épée, lance-fusée, tabouret, ou encore le parapluie de l'agent secret;
5. Le parapluie aquarium : on s'en sert pour y mettre des poissons rouges ou pour recueillir l'eau qui goutte du plafond quand il y a des fuites dans la toiture;
6. Le chapeau mormon imperméabilisé, le vêtement en plumes de canard, le champ magnétique individuel anti-pluie, etc.

Mêmes observations que pour le brain-storming.

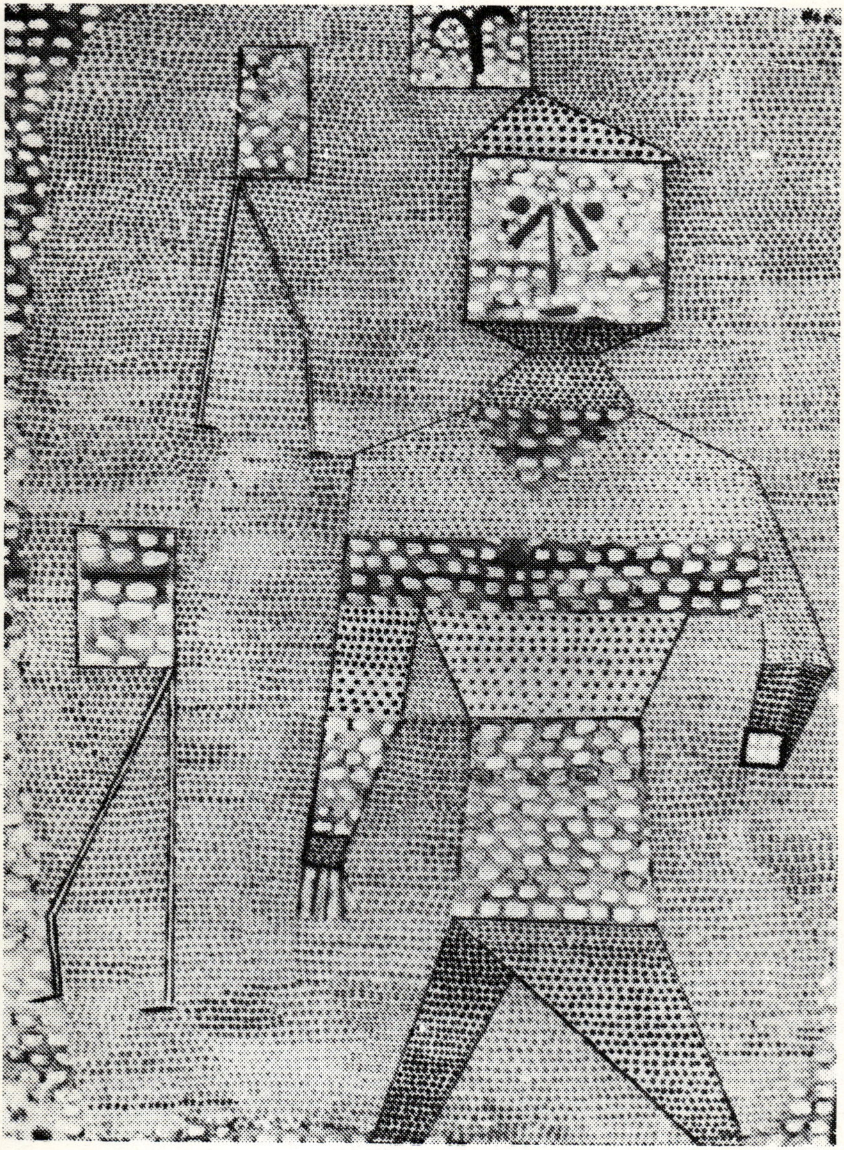

Général des Armées barbares (Klee).

LE TAROT DES MILLE ET UN CONTES

Dans les jeux tels que « le crocodile et le moulin à vent », nous nous sommes surtout intéressé à des matrices de phrases permettant de produire des énoncés inattendus, eux-mêmes points de départ de commentaires ou de discussions propices à la création langagière et au développement de l'imagination. Nous proposons maintenant de passer à un niveau plus complexe de l'organisation du discours, c'est-à-dire à la création de récits ou de contes, en recourant aux mêmes techniques combinatoires comme support initial, mais en appliquant ces techniques à des fragments complets de séquences narratives; ces constituants narratifs ont été mis en lumière par l'analyse structurale des contes fantastiques, et plus particulièrement par les théories du folkloriste russe Vladimir Propp, qui, dans la *Morphologie du Conte,* a proposé une véritable grammaire du conte populaire russe dont se sont inspirés par la suite les principaux théoriciens de l'analyse structurale du récit tels que Barthes, Greimas et Todorov[1].

Une autre direction de réflexion nous a été suggérée par l'imagerie populaire des jeux de cartes. Déjà, les simples cartes à jouer *françaises* offrent à l'imagination, sans qu'il soit nécessaire de recourir à des règles, des voies toutes tracées pour rêver de batailles, d'intrigues, de rivalités et d'alliance entre rois, reines et valets; on sait le parti qu'en a tiré Lewis Carroll qui n'a fait que donner vie aux affabulations qu'ont souvent les tout jeunes enfants lorsqu'ils manipulent pour la première fois un jeu de cartes et qu'ils inventent spontanément ce qui deviendra le discours fantastique plus construit de la tireuse de cartes qui « lit » dans les figures le destin de son client. Cela nous a amené à découvrir la richesse extraordinaire que présente, en vue de la construction de contes ou de récits, la combinatoire du très ancien jeu de *tarots* dont les nombreuses figures allégoriques, porteuses de sens multiples (l'Amoureux, la Justice, le Pendu, la Papesse, l'Hermite, l'Étoile, le Diable, etc.), s'enchevêtrent pour constituer des trames ou des *aventures* qui ne demandent qu'à être *dites.* Cette possibilité a déjà été remarquée par des écrivains. En Italie, le romancier Italo Calvino, utilisant les tarots comme « machine narrative combinatoire », en a tiré un recueil de récits fantastiques, *Le Château des Destins croisés*[2], dont l'intérêt n'a pas échappé aux sémioticiens et aux spécialistes de l'analyse du récit[3]. Calvino imagine que, dans un château hors du temps et isolé dans les bois, des voyageurs, rendus muets par un charme, qui fige et déclenche le réalisme surnaturel comme dans certains films de Buñuel, échangent l'histoire de leurs aventures personnelles en alignant des cartes de tarot. Des récits fantastiques se composent ainsi et s'entrecroisent : « chaque récit court à la rencontre d'un autre récit et tandis qu'un des convives progresse sur sa lancée, un autre,

1. Vladimir Propp, *Morphologie du Conte,* publié en U.R.S.S. en 1928; traduit aux Éditions du Seuil, Collection Points, Paris, 1965.
2. Italo Calvino, *Le Château des Destins croisés,* Éditions du Seuil, Paris, 1976.
3. Maria Corti, *Le jeu comme génération du texte,* in *Semiotica* 1973/1.

depuis l'autre bout, avance en sens opposé, parce que les histoires racontées de gauche à droite ou de bas en haut peuvent aussi bien être lues de droite à gauche ou de haut en bas, et, donc, vice versa, si on tient compte du fait que les mêmes cartes se présentant dans un ordre différent changent fréquemment de sens, et le même tarot sert dans le même temps à des narrateurs qui partent des quatre points cardinaux ».

Ces deux références fondamentales, l'une à l'analyse structurale du conte selon Propp, pour y trouver des canevas d'histoires, ou si l'on préfère, leur grammaire et leur syntagmatique, l'autre à la combinatoire fantastique des tarots, pour y chercher une thématique, ou si l'on veut une sémantique constituée de signes paradigmatiques porteurs de sens, restent pour nous de simples points de départ; notre visée en effet n'est nullement théorique et reste pédagogique et concrète, c'est-à-dire orientée vers un champ d'application dont nous pensons qu'il doit rester le domaine privilégié d'un bricolage créateur fort éloigné de l'abstraction. Il s'agit simplement d'aider des classes, et surtout des petits groupes d'élèves, à composer pour leur plaisir des histoires de pure imagination. Le Tarot des Mille et un Contes, que nous esquissons ci-après, n'est qu'un exemple parmi tant d'autres possibles de techniques d'invention d'histoires. Les règles qu'il comporte sont des déclencheurs d'imaginaire qui ne peuvent aboutir qu'à la modification des règles, voire à leur suppression, lorsque l'aptitude à l'invention d'histoires aura été suffisamment stimulée et renforcée.

Le canevas

Le canevas structural de composition de contes est, à quelques simplifications près, celui de Propp, et suppose qu'une histoire merveilleuse, et même un simple récit d'aventures, peut s'organiser en gros de la façon suivante :

1 Choix d'un héros (un prince, une princesse, un soldat, un enfant, etc.);
2 Il manque à ce héros quelque chose pour être heureux (un objet, l'amour, la richesse, etc.);
3 Quelqu'un le renseigne ou le conseille;
4 Le héros part à l'aventure;
5 En chemin il rencontre un ami ou un allié;
6 Seul, ou avec l'aide de cet allié, il rencontre divers obstacles qu'il surmonte;
7 Il parvient à l'endroit où se trouve ce qu'il cherche;
8 Un puissant ennemi s'oppose à lui (ogre, roi, dragon, sorcier, etc.);
9 Le héros affronte une première fois son ennemi, mais il est vaincu par lui (blessé, empoisonné, ensorcelé, etc.);
10 L'ami du héros vient à son aide (le libère, le guérit, lui donne un conseil ou une arme, etc.);
11 Le héros affronte une deuxième fois son ennemi et gagne (le blesse, le tue, lui prend ce qu'il est venu chercher, etc.);
12 Durant son retour, le héros est poursuivi par des alliés ou serviteurs de son ennemi (frères, soldats, monstres, etc.);
13 Il doit les combattre et surmonter divers obstacles, pièges ou difficultés;

14 Le héros rentre chez lui, dénouement : « ils se marièrent, vécurent heureux et eurent beaucoup d'enfants ». On peut encore, si l'on veut prolonger l'histoire, rebrancher ici, comme à la fin de l'*Odyssée* ou d'*Aladin,* un rebondissement de l'intrigue : nouveau manque, nouvelle recherche, nouvelles épreuves, nouveaux combats et succès définitif.

L'utilisation pédagogique de ce canevas va être la suivante :
- On propose à une classe d'une trentaine d'élèves un concours d'invention de contes ou de récits d'aventures dont l'élaboration durera un certain nombre de séances suivant le degré d'élaboration que l'on souhaite atteindre, qui peut aller jusqu'à la mise en forme achevée, rédigée et illustrée du ou des meilleurs contes; la couleur locale spécifique de chaque histoire sera librement choisie par les élèves, qui pourront aussi bien se servir de ce canevas pour bâtir un conte de fées que pour construire un récit d'aventures contemporaines ou une histoire d'astronautes.
- On divise la classe en petits groupes de quatre ou cinq élèves, auxquels on va demander successivement, à raison d'une consigne toutes les dix minutes environ, de créer un récit en utilisant ce schéma; à chaque étape, un tableau de suggestions sera donné à chaque groupe, mais à titre purement indicatif et en précisant bien qu'on peut inventer librement (par exemple remplacer le Prince Charmant par un cow-boy ou un détective).

On aura, dans l'ordre, les étapes suivantes :

1

Choisissez et décrivez un personnage qui sera le héros de votre histoire.

Ce personnage peut être par exemple :
un prince, une princesse
un voyageur
un pauvre paysan
une jeune fille
un jeune soldat
un marin
un marchand
un petit garçon
une petite fille

2

Imaginez ce qu'il désire, ou ce qui lui manque pour être heureux.

Par exemple :
le mariage ou l'amour
un talisman
un objet très précieux
un animal magique
la sagesse
un trésor
un remède
quelque chose qu'on lui a pris
quelqu'un qu'on a enlevé
un secret

3

Racontez comment le héros reçoit des conseils ou des renseignements.

Par exemple par :
une fée
un magicien
un vieux sage
un animal
un message mystérieux
un rêve
un vieux document
un parent
un voyageur
un savant

4

Racontez comment il part à l'aventure.

Les modalités du départ du héros ne font pas l'objet d'un tableau de suggestions, car elles dépendent largement de la séquence 1-3; le héros peut aussi bien, selon les cas, partir au hasard, s'engager dans une forêt profonde, devenir soldat, marchand, matelot, se déguiser, aller vers le nord ou le sud, utiliser un cheval, un tapis volant, un astronef, etc. Ces détails sont laissés à l'imagination des narrateurs.

5

En chemin, le héros rencontre un ami.

Par exemple :
une fée
un animal
un autre aventurier
un serviteur
quelqu'un à qui il rend un service
un soldat
un prince
une jeune fille
un génie
un vieillard

Pour l'utilisation de ce tableau, comme pour les autres, on encouragera les élèves à s'en servir librement et à cumuler s'ils le désirent les éléments qui les intéressent; ainsi le héros peut-il rendre service à un animal ou à un vieillard qui est en réalité une fée qui le récompensera par la suite; le serviteur ou le compagnon d'aventure peuvent être des princes ou des jeunes filles déguisées.

6

Imaginez les épreuves ou les obstacles que le héros doit surmonter en chemin.

Par exemple :
tâches impossibles ou surhumaines
mauvais sorts et enchantements

animaux hostiles
monstres (dragons, géants, etc.)
obstacles naturels infranchissables (falaises, gouffres)
énigmes, devinettes
combats, duels, luttes
brigands, voleurs, pirates
magiciens, méchantes fées, sorcières
maladies, souffrances

7

Le héros parvient finalement au but de son voyage. Décrivez ce lieu

Par exemple :
une île
un château, un palais
une planète
un pays, un royaume inconnu
une forêt
une grotte, un souterrain
un temple
une ville
une auberge
le sommet d'une montagne

8

C'est là qu'habite l'adversaire du héros. Imaginez-le.

Par exemple :
un méchant roi, une méchante reine
un grand bandit, un capitaine de voleurs
un monstre
le diable
un sorcier, un magicien
un extraterrestre
un génie, un troll, un lutin
un savant fou
un géant, un nain
un rival

9

Le héros est d'abord vaincu par son ennemi.

Il est, par exemple
blessé
laissé pour mort
emprisonné
métamorphosé
victime d'un charme
réduit en esclavage
trompé, vaincu dans un concours
chassé très loin
condamné à mort
exposé à un grand danger

10

Racontez comment l'ami du héros l'aide.

Par exemple :
en le guérissant
en le délivrant
en lui donnant une arme
en lui donnant un conseil
en le libérant d'un enchantement
en combattant à sa place
en trompant son ennemi
en lui donnant un objet magique
en lui apprenant un secret
en allant chercher de l'aide.

11

Racontez comment le héros affronte une deuxième fois son ennemi, cette fois victorieusement, et s'empare de ce qu'il est venu chercher.

Cette séquence sera inventée librement, compte tenu de ce qui aura été imaginé aux étapes 2, 8, 9 et 10.

12

Le héros rentre chez lui, mais il est poursuivi en chemin par des alliés de son ennemi. Racontez ces dernières aventures.

Les alliés de son ennemi ou les derniers obstacles peuvent être par exemple :
des frères ou des sœurs de son ennemi
des éléments contraires
des animaux
soldats ou poursuivants armés
monstres
obstacles naturels
être fantastiques
poursuivants disposant d'armes magiques ou secrètes
pièges, traquenards, embuscades
tentations

13

Fin de l'histoire
à raconter librement.

Les tarots

Ce jeu a été réalisé au B.E.L.C.[1], nous ne le décrirons pas en détail; indiquons seulement dès maintenant certains de ses principes :
• Les suggestions données ci-contre sous formes de tableaux ont été présentées au moyen de cartes peintes par C. Estrade.

1. C'est dans cet esprit que le graphisme des tarots a été conçu. Le *Tarot des Mille et un Contes* a été publié aux Éditions de l'École, Paris, 1977. (Voir photographies hors texte.)

• La combinaison de ces cartes est plus libre et beaucoup moins structurée que dans le canevas inspiré de Propp.
• L'emploi de ces tarots ne rappelle que partiellement les techniques des cartomanciennes; celles-ci sont en principe à la recherche d'un destin unique qu'elles lisent au nom d'une grammaire secrète mais univoque; conformément à l'utilisation poétique qu'a faite Calvino des tarots, le jeu propose au contraire des myriades de possibles.
• Une caractéristique fondamentale des cartes de tarots est conservée : leur pouvoir de suggestion et leur polysémie; les amalgames culturels et le symbolisme des arcanes des anciens tarots permettent d'y lire un peu ce que l'on veut, ce à quoi l'on rêve ou ce dont on a peur; ainsi la figure allégorique dite l'Étoile peut-elle être interprétée, indépendamment de sa « signification » ésotérique, comme une jeune fille, une magicienne, une fée, une sirène, une consolatrice, etc. L'art moderne abonde de figures de ce genre qu'il n'est pourtant pas nécessaire d'aller chercher chez des surréalistes ou des peintres du bizarre qui d'habitude soignent trop le détail. Une merveilleuse carte de tarot moderne nous semble le très simple *Général des Armées barbares,* de Klee, qui est tout à la fois guerrier casqué, milicien menaçant, bonhomme en fer-blanc, croque-mitaine, géant de don Quichotte, marionnette sicilienne, Martien et bien d'autres fiers-à-bras encore.

LA LETTRE DE VACANCES
(matrice de discours)

De même que l'on a pu dégager la structure de conte, on peut décomposer la « lettre de vacances » en un certain nombre de parties et proposer comme un jeu de composition créative qui peut même être réalisé collectivement grâce à la technique des petits papiers, la composition d'une lettre au moyen d'une matrice modèle.

Ces parties ou séquences sont les suivantes :

1	Nom ou appellatif.	ex. :	Mon gros lapin.
2	Raison et lieu du séjour	ex. :	Nous passons de merveilleuses vacances à Palavas-les-Flots.
3	Comparaison avec un autre lieu	ex. :	Cela nous rappelle un peu La Baule en plus chaud.
4	Effusion lyrique	ex. :	La mer est d'un bleu incroyable !
5	Notation météorologique	ex. :	Et il fait un temps splendide.
6	Commentaire sur les gens du pays ou les compagnons de voyage	ex. :	Le seul ennui c'est que les gens d'ici sont terriblement bruyants.
7	Événement survenu à un proche	ex. :	Hier Victor a gagné le premier prix de tir à l'arc.

8	Commentaire	ex. : Ce sera toujours un original !
9	Comment l'auteur de la lettre occupe ses journées	ex. : Moi, je passe tout mon temps à faire des réussites.
10	Appréciation générale sur le séjour	ex. : On s'ennuie un peu, mais on se repose.
11	Marque d'intérêt pour le destinataire	ex. : Et toi, comment vas-tu, mon chéri ?
12	Demande de nouvelles sur un point précis	ex. : Est-ce que tu as réussi à arrêter de fumer ?
13	Vœux concernant le destinataire	ex. : J'espère que tu tiendras le coup cette fois-ci.
14	Conseil	ex. : Tu devrais essayer l'acupuncture, il paraît que ça aide.
15	Vœu ou évocation d'une rencontre proche	ex. : J'espère qu'on se verra en septembre.
16	Congé, tendresses, sucreries ou politesse	ex. : Je rêve de toi toutes les nuits.
17	Identification de l'auteur et de lettre	ex. : Ta gazelle qui t'aime.

– Un opuscule du B.E.L.C., les *lettres de Paulette et Victor*[1], qui propose dix exemples pour chacune de ces séquences permet de composer 10^{17} lettres différentes. C'est une matrice multitrillionnaire de lettres utilisable pour les épistoliers dépourvus d'imagination.
– Une autre possibilité est d'écrire une lettre originale suivant ce canevas sans recourir aux exemples de la matrice.
– Une troisième possibilité consiste à composer collectivement des lettres en utilisant la technique des petits papiers.
– Enfin, si l'on manque de papier ou de courage on peut ne retenir que cinq ou six séquences et se contenter d'écrire... une carte postale.

F.D.

1. François WEISS a suivi la même démarche pour la lettre d'excuse, cf. n° 134 du *Français dans le Monde*.

VI .... et graphisme

Créativité, langage et graphisme.

La juxtaposition de ces trois termes peut surprendre au premier abord, et le parti pris de ne pas préciser autorise à penser qu'il s'agit de révéler les rapports qui les lient et de les analyser. Le rapprochement langage et graphisme nous est maintenant familier au point de les considérer comme des moyens d'expression concurrents et interchangeables.

Moins évidentes nous apparaissent les juxtapositions créativité et langage ou créativité et graphisme, compte tenu des objectifs de la créativité et de son champ opérationnel. Ses objectifs : ils vont du perfectionnement à l'invention. Ses techniques, elles consistent à stimuler l'activité créatrice : d'abord par le biais du groupe, ensuite par des procédures de débridement de la pensée (brain-storming) se matérialisant par un corpus d'où sont extraites les propositions complémentaires afférentes à l'amélioration ou la création du produit. Ce ratissage d'idées utilise le langage comme outil pour produire autre chose que du langage. A quelques exceptions près, par exemple la recherche de slogans, une constante de la créativité est la disparité d'espèce entre le produit mis à l'étude et l'outil utilisé à cette production.

Cette pressurisation de la matière grise du tout venant se réalise par la parole écrite considérée de toujours comme la fixation la plus avenante de l'idée. Nous transgressons cette quasi-certitude dès lors que nous nous proposons de produire du langage au moyen du graphisme. L'objet de cette étude est donc de proposer des techniques graphiques favorisant l'éclosion langagière dans une dynamique de créativité. Ceci implique la participation d'un groupe à la production mais aussi son compartimentage. D'un côté les « vomisseurs d'idées », de l'autre les « sélectionneurs ». Ceux-là même la plupart du temps qui ont défini le projet. Cette démarche opératoire dans le domaine qui nous intéresse, outre qu'elle exclut la production d'un seul, dissocie le collectif en deux groupes, le groupe d'expression graphique ensemble d'unités G et le groupe des décrypteurs ou lecteurs, symbolisés par le signe L.

Le fonctionnement de ce groupe de créativité peut être alors schématisé de la manière suivante :

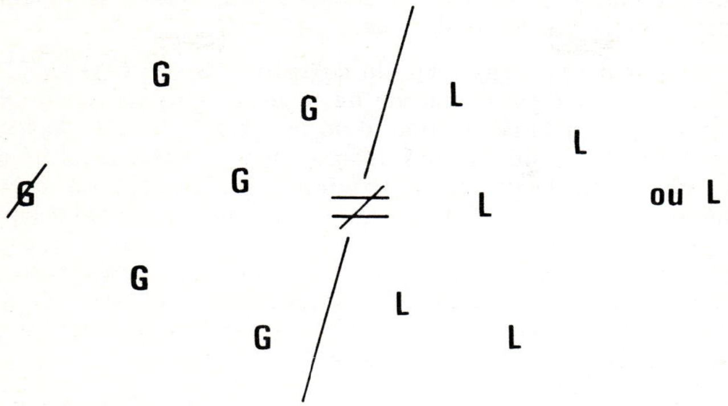

Le groupe des graphistes à gauche. Le réalisateur solitaire est exclu même si son œuvre, comme toute représentation iconique, ouvre sur des interprétations diverses. En perdant les avantages d'une participation collective qui est à la base de toute technique de créativité nous écarterions certaines réalisations en même temps que certains types de discours que nous préciserons. A droite le groupe des lecteurs. Il peut être ou ne pas être le même que celui des graphistes. En tous les cas, il autorise la lecture d'un seul. Les propriétés propres à l'image, entre autre sa polysémie, nous permettent de répertorier des fonctionnements différenciés. Les uns sur le modèle des techniques classiques de créativité, les autres s'en approchant seulement. Selon le cas nous obtiendrons des types de parole caractéristiques que nous révélerons en même temps que la présentation des exercices d'assemblages graphiques.

Le schéma ci-dessous nous amène au-delà d'un problème de partition du collectif qu'il semble bien être en apparence. A gauche, avec en référant le symbole G, la zone des graphistes opérant dans un temps T1, l'autre zone sous le symbole L celle des lecteurs opérant dans un temps T2.

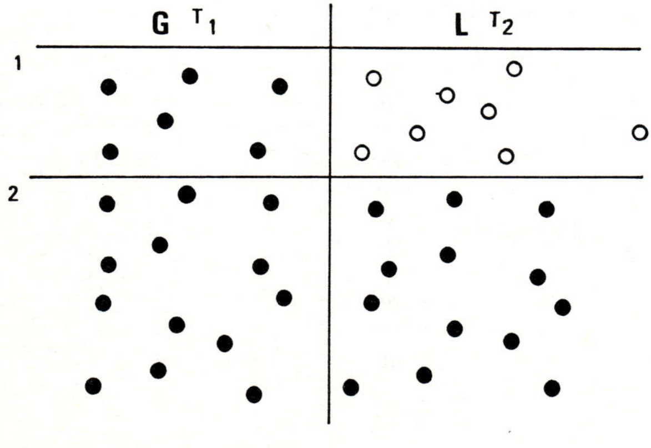

Dans le premier cas, le groupe des lecteurs est différent de celui des graphistes et n'intervient qu'en deuxième temps T2 lorsque l'ensemble graphique est achevé. Ce fonctionnement force le groupe des lecteurs à une démarche analytique.

Dans le second cas, l'ensemble du collectif opère en G et en L. Rien ne différencierait cette démarche de la précédente seulement sur le plan graphique où l'intervention d'un plus grand nombre faciliterait et enrichirait le dessin, si nous n'admettions pas la possibilité d'une parole en T1 dont la spécificité tiendrait au fait qu'elle serait cotemporelle à l'élaboration iconique. Cette procédure présente cependant le risque d'appauvrir la parole en T2, d'abord pour avoir trop exploré en T1, ensuite pour avoir neutralisé l'effet dynamisant de la surprise en construisant, enfin en réduisant l'aspect ludique de l'opération. Des modalités de fonctionnement seront précisées qui permettront de minimiser ces inconvénients.

Bien qu'écartée plus haut, l'œuvre d'un solitaire offerte à l'analyse est maintenant à reconsidérer et peut faire l'objet d'un troisième cas, à condition d'exclure définitivement de notre étude toute œuvre qu'elle soit d'un seul ou de plusieurs qui ne serait pas exécutée dans le cadre d'une opération de créativité. Le groupe dans ce troisième cas peut s'imposer d'opérer à tour de rôle. Chaque exécutant dans un temps minuté élabore ou non un rébus à l'appréciation de ses camarades d'où les troisième et quatrième schémas.

3

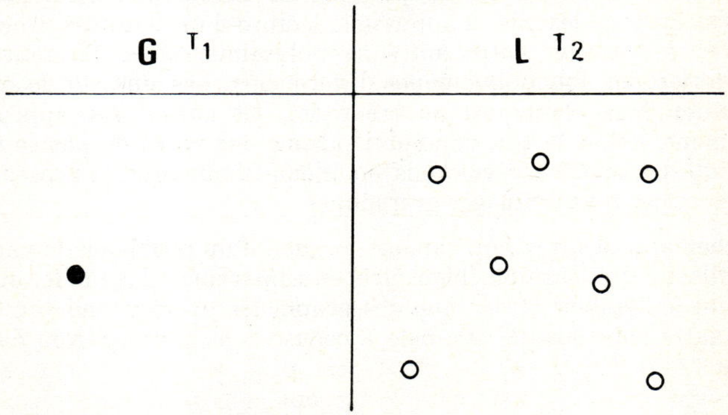

Parole de type analytique seulement.

4

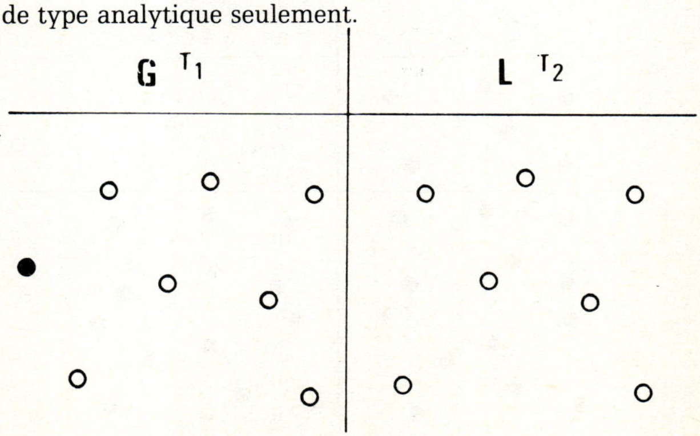

Deux types de paroles différentes du cas 2 où le groupe est à la fois graphiste et lecteur alors qu'ici le groupe se pose en observateur critique.

Deux découpages en simultanéité apparaissent dans les tableaux ci-dessus. L'un binaire qui ressortit à la créativité : compartimentage ou non du collectif,

I — Compartimentage graphisme lecture :
A) graphisme préalable à la lecture pour les cas 1 et 3.

II — Décompartimentage :
B) graphisme préalable à la lecture pour les cas 2 et 4;
C) productions graphique et langagière en simultanéité pour les cas 2 et 4;
l'autre, ternaire, qui fixe les moments de la parole. Ces divisions et subdivisions apparemment fortuites doivent être appréciées dans une dynamique de production de langages diversifiés selon des modalités de jeux graphiques et de distribution du collectif appropriés.

Ce type de graphisme, outil d'une production langagière et tenu pour privilégié à cet effet, ne risque-t-on pas de le mutiler de son pouvoir onirique en le soumettant à des manipulations contraignantes pour un moyen d'expression dont le propre est de savoir occuper son espace approprié en toute liberté ? Est-ce rassurant de le définir tel qu'il doit être, c'est-à-dire un outil, mais un outil amusant ? Faire des jeux d'images comme on fait des jeux de mots, croiser des images comme on croise des mots, monter des puzzles ne s'embarrassant pas de découpages tarabiscotés, donner dans les raccrocs « alogiques » les associations « inévidentes », nous ébattre dans l'imaginaire inimaginable du conte. Aucun lieu n'est plus favorable à la parole débridée que celui-là.

Ces utilisations graphiques aussi motivantes que fantaisistes, on aura de la difficulté à en apprécier les effets bénéfiques sans l'émulation collective qui est essentielle à ce type de production. Des exemples clairs et volontairement probants, à cause de cela dépourvus de la fraîcheur propre aux associations non préméditées, nous aideront, dans l'ordre du plan que nous avons annoncé, à imaginer diverses modalités de jeux débouchant sur des langages diversifiés. Ces exercices peuvent être réalisés sur tableau noir ou tableau de papier ou encore sur les deux. Nous le préciserons.

I — Compartimentage graphisme lecture :
A) Pour les exercices que nous présentons ici, le graphisme sera achevé avant d'être soumis au décryptage du groupe lecteur;
— l'exercice 1 oppose deux collectifs.
Comme pour l'exercice 3 que nous présenterons ensuite, une lassitude est à craindre qui s'ensuivrait d'une exécution trop lente. Il est nécessaire de chronométrer. Le groupe des lecteurs peut s'entraîner à des recherches graphiques.
Les graphistes soumettent au décryptage un message iconique.
— S'il est orienté selon un sens de lecture, on peut imposer une traduction littérale et comparer ensuite le message proposé au message reçu.

Par exemple :

– Si le message n'est pas orienté, les lecteurs devront construire autant de récits que d'orientations possibles, c'est-à-dire en épuisant tous les termes de la proposition pour chacun d'eux.
Par exemple :

Ces deux exercices seront exécutés sur tableau noir, de préférence pour favoriser la rapidité de l'exécution.

– L'exercice 3 oppose à tour de rôle chacun des membres du collectif à l'ensemble. Pour écarter toute inhibition, pour favoriser la rapidité, outre l'intérêt incontestable que présente à l'analyse ce type de dessin, il est recommandé de réaliser un graphisme gestuel et automatique du type gribouillage susceptible d'étonner après coup son auteur.

Le groupe des lecteurs va relever tout ce qu'il y a de signifiant dans cet imbroglio de lignes et s'efforcer de constituer un récit.

Réalisé au tableau noir, on pourrait rendre évidentes par effacement des lignes parasites, les formes signifiantes. Cette procédure risque d'appauvrir l'intérêt que présente le gribouillage de révéler inlassablement ses mystères et de réduire à quatre ou cinq une multitude de formes entremêlées. Il est donc préférable pour forcer à une écriture lisible bien qu'automatique en même temps que pour éviter toute dégradation tentante de réaliser cet exercice sur tableau en papier.

II — Décompartimentage :

Que le graphisme soit préalable à la lecture ou que productions graphique et langagière soient données en simultanéité dans les cas 2 et 4, la même série d'exercices pourra être exploitée.

1. Construction collective d'un message orienté : chacun intervient en ordre ou désordre pour ajouter un élément au récit qu'il décrypte.

2. Non orienté, on peut espérer les juxtapositions les plus inattendues. Le jeu consiste à les récupérer et les ressouder à l'ensemble pour le rendre cohérent. Des récits peuvent être proposés dans la phase lecture.

Cet exercice peut être exécuté indifféremment sur tableau noir ou tableau en papier.
3. Un troisième exercice consiste à diriger la construction vers une image cohérente non préméditée en ajoutant des traits signifiants par étapes successives. Dans le schéma qui suit, un homme se promenant dans la rue se retrouve assis dans un compartiment de troisième classe en train de lire un quotidien.

Cet exercice réalisé indifféremment sur tableau noir ou tableau de papier se passe de modalités. Le collectif s'exprime simultanément par le dessin et la parole. La phase T2 de lecture n'est pas indispensable.

4. Par association d'idées ou de formes, le collectif va conduire le graphisme vers la constitution d'un seul élément. Par exemple, dans le schéma ci-dessous, le coq devient poisson, puis ce poisson fauteuil.

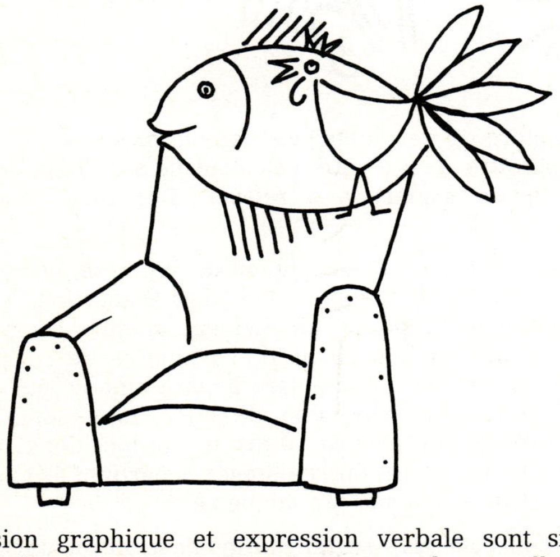

Ici expression graphique et expression verbale sont simultanées. La phase de lecture peut consister à proposer de nouvelles métamorphoses vers un objet différent.

5. Ce dernier exercice exécutable comme le précédent sur tableau noir ou tableau de papier est aussi de type associatif. Un élément de forme ou une forme reconnue appelle une autre forme sans que soit constitué un seul et unique objet. L'ensemble peut paraître parfaitement incohérent. L'essentiel est qu'à tour de rôle chacun trouve

à se raccrocher. Les roues de la voiture deviennent les yeux d'un toréador dont le visage se métamorphose en pot de fleurs, etc.

Une phase lecture est recommandée dans la mesure où l'œuvre achevée fera apparaître dans l'entremêlement de ses lignes des éléments non prévus qu'on s'amusera à relever. Des récits pourront être tentés.

Les exercices qui suivent, uniquement de synthèse, nécessitent l'utilisation du tableau de papier. Dans les réalisations précédentes chaque participant proposait un élément comme composant d'un ensemble qu'il imaginait à partir d'une amorce de construction ou comme élément déviant s'accrochant à cette amorce par association graphique, l'entraînant dans une direction inattendue et susceptible de nouveaux traitements. Dans les propositions qui suivent le principe consiste à faire des montages à partir d'éléments dont la réalisation n'est pas motivée graphiquement.

La participation collective se fait au moment du montage après que chacun des participants a réalisé sur une feuille de papier à partir d'un thème ou non un seul élément de dessin.

On différenciera deux types d'exercices :
1. ceux dont le thème sera imposé;
2. ceux dont le thème apparaîtra à mesure que prendra forme l'assemblage des éléments préalablement réalisés avec les participants.

1. Un thème est imposé, par exemple l'arrivée de l'oncle Jules.
Chaque participant dessine sur sa feuille un élément qui lui paraît convenir à la scène de l'arrivée telle qu'il l'imagine.
Ce peut être le portrait de l'oncle.

ou sa valise

ou encore sa démarche.

Les participants viennent ensuite à tour de rôle coller leur dessin au tableau. Ne seront retenues par le collectif que les propositions permettant un montage vraisemblable. Le résultat final sera une sorte de puzzle que le groupe pourra ensuite réutiliser pour de nouveaux récits à partir d'assemblages différents.

2. L'exercice suivant invite chaque participant à réaliser, dans un temps chronométré et sur un thème imposé, le plus d'éléments possibles. Le collectif pourra se diviser en groupes adverses dont le gagnant sera celui qui aura pu placer le maximum de dessins. D'autres modalités de jeux pourront être proposées.
3. On peut maintenant n'imposer aucun thème et laisser les participants dessiner dans un délai relativement court autant de schémas qu'ils voudront à raison d'un par feuille.
Le groupe au complet s'amuse à organiser un récit à partir de ces dessins en s'efforçant de les utiliser tous, trier à nouveau ces cartes géantes et recomposer d'autres assemblages.
4. On peut enfin composer une scène à partir d'éléments simples et non signifiants réalisés par les participants à raison d'un par feuille.

On peut obtenir un assemblage tel que celui réalisé ci-dessous.

Ces exercices graphiques sont faciles à réaliser en classe dans la mesure où les manipulations nécessitent très peu de matériel. Ce ne sont évidemment que des propositions, des amorces de pistes à exploiter. Il reste à définir des modalités de jeux. L'essentiel est que ces combinaisons graphiques improvisées et à cause de cela séduisantes débouchent sur des discours aussi variés que possible.

Grâce à sa nature polysémique, l'image est riche de ressources. Les exercices graphiques évoqués plus haut permettent de réaliser les montages les plus inattendus et les plus aptes à stimuler par l'étonnement qu'ils suscitent une activité langagière spontanée et vivante.

C.E.

INDEX

CHAPITRE II

Cinq réponses à cinq questions 23
Conditionnels 23
Pétanque 16, 19
Quatre cent vingt et un 15
« Pourquoi » et « parce que » 23
Tombola 24, 25

CHAPITRE III

1re section
Anagramme 28
Charade 29
Jeux de mots 28
Lipogramme 29
Méthode 5 + 7 32
Mots croisés 30
Palindrome 29
Rébus 29

2e section
Opposition sémantique 34
Acception d'un mot 35
Définition progressive 35
Graphie du mot 36
Groupement des mots 37
Groupement de phrases 39
Phrases à construire 38
Correspondance phrase/image 41
Contrôle et fixation des connaissances 43
Exploitation collective 43

3e section
Jeu n° 1 trouver des mots commençant par une lettre donnée . 44
Jeu n° 2 changer une lettre d'un mot pour trouver des mots nouveaux 45
Jeu n° 3 Jeu de Kim : trouver le nom d'objets représentés par des dessins ou des photos 47
Jeu n° 4 Devinettes, charades, rébus 47
Jeu n° 5 Jacques a dit 48
Jeu n° 6 Jeu du pendu 49
Jeu n° 7 Mots croisés partiels 49
Jeu n° 8 Textes à trous 50

N. B. Les jeux simplement évoqués sont en caractères romains, les jeux présentés dans le détail sont en caractères italiques.

Jeu n° 9 Construction ou reconstruction de phrases 52
Jeu n° 10 Mettre un nom sur une forme 57
Jeu n° 11 Les mots projectifs 60

CHAPITRE IV

Dramatisation : définition 64
Dramatisations : inventaire . . . . 71 à 81
Dramatisation répétitive 71
Dramatisation avec variations 73
Dramatisation avec situation nouvelle 74
Dramatisation et implication personnelle 77
Dramatisation de faits divers 78
Dramatisation et pastiche 81
Études de cas 66
Jeux de rôles : définition 66
Jeux d'entreprise : définition 65
Jeux stratégiques : définition 65
Jeux de rôles : exemples . . . . 89 à 103
Jeu de la voyante 97
mystérieux visiteur (Le) 93
panne d'ascenseur (La) 100
rendez-vous manqué (Le) 92
tapage nocturne (Le) 96
scène de ménage (La) 101
Tu connais le fiancé de Marie-Chantal ? 94
valise perdue (La) 95
Mimodrame : définition 64
Mimodrames : inventaire . . . . 82 à 103
- *(l') automate* 86
- *connaissance des autres* 83
- *communication non verbale* 83
- *déconditionnement, relaxation* 82
- *dictionnaire mimé* 85
- *identification* 89
- *jeux des consignes* 87
- *mimodrames* 88
- *perception de l'environnement* 83
- *perception de soi* 82
- *rêve éveillé* 88
Psychodrame 67
Simulation - étude de cas : définition 65
Simulations : exemples . . . . 107 à 115
conseil municipal (Le) 107
foyer socio-éducatif (Un) 108
Simulations précontraintes : exemples . . . . 113 à 115
Accident 114
Agences de voyages 115
Futurologie 113
Interrogatoire 113

CHAPITRE V

- *Armalon* (l') 124
- *Brain Storming* (le) 143
- *Cadavre exquis* (le) 128
- *Cadeau refusé* (le) 133
- *Concassage* (le) 145
- *Conte* (le) 133
- *Comment faire une université d'avant-garde avec de vieux pots de moutarde ?* 136
- *Crocodile et le moulin à vent* (le) 134
- *Définition* (la) 126
- *Dictionnaire (jeu du)* 125
- *Général a mis une pièce de cinq francs dans sa poche* (le) 135
- *Histoire en chaîne* (l') 133
- *Histoires de chiens et d'armoires* 139
- *Il suffit de... pour* 128
- *Lettre de vacances* (la) 154
- Mariage chinois (le) 132
- Matrices de phrases . . . . 135 à 139
- Matrices de textes . . . . 147 à 155
- *Monstres et machines* 131
- *Mots valises* (les) 123
- *Pourquoi ?... parce que...* 127
- *Quand...* 127
- *Rencontre* (la) 132
- *Si...* 127
- Surréalistes (jeux) . . . . 126 à 131
- Tarot des milles et un contes 147

Imprimé en France par
DURAND à Luisant
Dépôt légal n° 949-4-1986

Collection n° 90
Édition n° 06

15/4573/0